KB116376

부모라면
지금 꼭 해야 하는
미래 교육

부모라면
지금 꼭 해야 하는
미래 교육

박미자 지음

위즈덤하우스

모든 아이들이 미래의 주인입니다

바둑 기사 이세돌과 인공지능 알파고(Alphago)의 대국이 우리 사회에 남긴 인상은 매우 컸습니다. 그 이후 인공지능, 4차 산업혁명이란 말이 우리 곁에 성큼 가까이 다가왔을 정도입니다. 기계가 두뇌 싸움에서 인간을 이기는 모습은 과학 기술에 대한 경외감, 기대감, 불안감, 나아가 두려움까지도 안겼습니다.

4차 산업혁명과 관련한 다양한 소식들을 접하면서 많은 부모들이 아이들의 미래에 대해 두려움을 느끼고 있습니다. 이제까지와 완전히 다른 세상이 펼쳐질 것이라는 말에 기대보다는 우려부터 품습니다. 지금도 경제적으로 불안정하고 일자리를 잡기 힘든데 미래 예측은 점점 더 어려워지고 있기 때문입니다. 서둘러 아이들에게 코딩 등 최신 기술을 가르치거나 미래의 직업 전망 등을 알아보려고 하지만 이것이 올바른 방향인지는 알 수 없어 더 불안합니다.

이제 부모들은 다가올 미래를 정확히 인지해야 합니다. 인공지능이 발달한다는 것, 일부 일자리가 사라지고 어떤 일자리는 생성될 것임은 부정할 수 없는 사실입니다. 그러나 이러한 미래를 '최신 기술을 모르면 뒤처지는 시대', '기계와 경쟁해야 하는 시대'로 단순하게 받아들이면 곤란합니다.

기계가 인간의 일을 많이 맡게 된다는 것은 지금까지보다 노동 부담과 위험 부담이 줄어든다는 뜻입니다. 하나의 파이를 놓고 기계와 경쟁하여 그것을 차지하려 할 것이 아니라 기계는 하지 못하는 일을 해야 합니다. 그러기 위해서는 기계는 가지지 못한 능력, 사람만이 가진 힘을 키워야 합니다. 다가오는 미래 사회는 인간에게만 가능한 고유한 일과 역할을 찾아 가치를 부여하고, 더욱 고도로 서로를 이해하고 발전해 나가는 사회가 될 것입니다.

흔히 주입식이라고 표현하는 현재까지의 지식 전달 방식 교육과 경쟁 위주 교육으로는 결코 미래 사회에 대처할 수 없습니다. 대량의 지식 정보를 저장하고 필요할 때 출력하는 능력은 인공지능으로 대체할 수 있으며, 앞으로 인간에게 주어지는 과제들은 경쟁이 아니라 협력을 통해야만 해결할 수 있는 일들이 늘어날 것이기 때문입니다.

미래 사회를 일컬어 초연결(超連結) 사회라고 합니다. 사람과 사람, 업무와 업무, 공부와 공부의 연결이 긴밀해져 아무리 능력이 뛰어나도 혼자서는 일을 완료하기 어려워질 가능성이 높습니다. 이런 사회에서 높이 평가받는 것은 경쟁하는 능력이 아니라 협업하고 소통하는 능력입니다. 지금부터의 교육은 이전의 교육과는 달리, 생각하는 힘과 협업 능력을 높이는 방향으로 진행되어야 합니다.

이 책에서는 인간이 오랜 세월 동안 함께 협력하여 당면 문제를 해결할 수 있었던 원초적 능력을 세 가지로 밝히고 있습니다. 바로 공감 능력과 회복 탄력성, 예술 감수성이 그것입니다. 인간은 이 세 가지 능력을 바탕으로 창의성을 발휘해 왔고, 기나긴 역사 속에서 삶과 세상의 주인으로 살아왔습니다. 교육의 본질은 아이들을 자기 삶과 이 세상의 주인으로 성장하도록 돕는 일입니다. 세 가지 '사람의 힘'은 미래에도 개인과 공동체가 더욱 유능하고 행복하게 성장할 수 있는 동력이 될 것입니다. 그렇다면 부모인 나는 어떻게 아이를 키워 이 세 가지 힘을 발달시켜 줄 수 있을 것인가? 책에서는 그 내용을 중점적으로 다루었습니다.

상황이 바뀌면 자신의 생각을 고집하기보다는 상황을 빨리 받아들이고 생각을 수정해야 합니다. 부모 세대가 믿어 왔던 기준, 기존의 질서와 가치관이 빠르게 무너질 것입니다. 먼저 주입식, 경쟁 위주, 평가 위주의 교육에 대한 미련을 떨쳐 버려야 합니다. 이제까지 성격이나 미덕의 영역이라 여겨졌던 공감과 배려심, 대화에서의 자세, 다양성과 타인에 대한 이해도 등이 앞으로는 살아가기 위한 생존 '능력'이 될 것입니다.

원고를 꼼꼼히 읽어 주고 독자의 입장에서 조언해 준 딸 김지수와 가족들에게 감사합니다. 책이 나오기까지 애써 주신 위즈덤하우스 미디어그룹과 담당 편집자의 노고에 감사드립니다. 그리고 자신의 삶의 사례들을 기꺼이 공유해 주시고 책에서 활용할 수 있도록 동의해 주신 분들, 아이들을 사랑하고 지속 가능한 교육을 위해 사회 곳곳에서 애쓰는 많은 분들에게 깊은 감사를 드립니다.

차례

새로운 시대, 새로운 패러다임

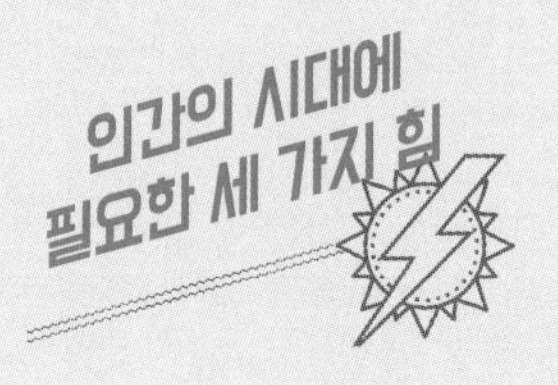

미래 시대
부모에게는
무엇이 필요한가

부모와 아이,
함께 인간으로서
성장하기

미래 사회는
초연결 사회

새로운 시대, 새로운 패러다임

미래 사회, 어떻게 변할까?

✶ 새로운 시대, 부모들의 걱정

나는 오랫동안 중학교에서 아이들을 가르치고 다양한 강의를 진행하며 많은 부모들을 만났습니다. 지금도 이 만남은 꾸준히 지속되고 있습니다. 예나 지금이나 교사와 부모의 대화 주제는 아이들에 대한 것입니다.

그런데 "아이가 어떤 사람으로 살기를 바라시나요?"라는 질문에 대한 부모들의 답이 최근에 조금 바뀌었습니다.

"어떤 상황에서도 자존감을 잃지 않는 사람이었으면 좋겠어요."

"성실하고 존중받는 사람이었으면 좋겠습니다."

"어려운 사람을 돕고 배려할 수 있는 사람이었으면 좋겠습니다."

"자신이 하고 싶은 일을 하며 즐겁게 살았으면 좋겠습니다."

"당당하게 할 말을 하는 사람이기를 바랍니다."

"바쁜 생활에서도 여유를 갖고 인생을 즐길 수 있는 사람이 되었으면 합니다."

부모들의 바람을 종합해 보면 아이가 '자존감이 높고 다른 사람과 함께 잘 협력하며 삶을 즐길 수 있는 사람'이 되기를 바란다고 할 수 있습니다. 의외로 아이의 사회적 성공, 명예에 대한 욕구는 그리 높지 않습니다. 아이의 미래에 대한 걱정을 함께 살펴보면 이런 경향은 더욱 명확히 드러납니다.

"중학교 1학년 아들을 둔 엄마입니다. 앞으로 우리 아이가 밥이나 먹고 살 수 있을지 걱정이 됩니다."

"초등학교 5학년 딸을 둔 엄마입니다. 요즘 청년들의 일자리 문제에 대한 걱정이 많은데 이대로 가면 우리 아이가 청년이 될 때쯤에는 문제가 정말 심각해질 것 같아요."

"앞으로는 점점 인공지능이 많은 일을 한다던데 그럼 일자리가 더 많이 줄어들 거라는 생각이 들어요."

"가난한 사람은 최소한의 삶을 누리기도 힘들 것 같아요."

"능력 위주, 이익 위주로 돌아가는 지금 사회도 삭막한데, 앞으로는 이 삭막함이 더 심해질 것 같아요."

많은 부모들이 미래에 대해 두려움을 느끼고 있습니다. 아이가 성공하지 못할까 봐 불안해하는 것이 아닙니다. 우리 사회의 불안정성은 내 아이가 과연 생존할 수 있을지를 고민하는 단계에 다다랐습니다.

지금 넉넉하게 사는 부모들마저도 아이의 미래에 대해서는 두려움과 걱정을 갖고 있습니다. 무엇보다 자녀들의 미래를 위해서 할 수 있는 일이 딱히 없고, 무엇을 해야 할지도 알 수가 없어 불안하다고 합니다.

이러한 부모들의 두려움은 자녀 앞에서 이중적인 모습으로 나타납니다. 세상의 변화에 맞춰 자신의 가치관 역시 변해야 한다고 생각하면서도 지금까지 가지고 있었던 고정관념에서 벗어나지 못합니다.

'그래도 더 열심히 공부하면 기회가 오지 않을까? 대기업에 취직하는 것이 중요하지 않을까? 안정된 생활을 하려면 공무원이 되어야 하지 않을까?' 같은 생각을 하며 학교 성적과 사교육에 대한 미련을 버리지 못하는 것입니다.

오랫동안 한국의 부모들은 이와 같은 생각으로 아이들을 키워 왔고, 그 부작용은 극에 달했습니다. 삶의 안전 장치가 없는 사회에서 부모와 자녀 개인의 노력으로 행복하게 살아가는 것에는 한계가 있음에 많은 사람들이 공감하고 있습니다.

아이들이 살아갈 미래에 대한 책임은 지금 현재를 만들어 가는 어른들에게 있습니다. 앞으로 다가올 시대는 4차 산업혁명 시대라고 합니다. 그래서 우리는 이에 대하여 알아보고 대안에 대해서도 의논해 보아야 합니다.

인류는 역사적으로 어려움이 부딪칠 때마다 서로 협력해 문제를 해결해 왔습니다. 새로운 기술 문명이 등장하여 사회적 지각변동이 나타나면 그에 맞춰 생활을 조율했고, 정치적 상황이 불안정해지면 때로는 맞서 싸워 더 좋은 방향으로 나아갔습니다. 이제 막연한 불안감을 느끼는 단계를 넘어서 다가올 시대의 구체적인 부분을 살펴보고 어떤 관점에서 대응해야 하는지 공부하고 준비해야 합니다.

✶ 시대와 함께 부모가 변해야 한다

4차 산업혁명이란 말이 언젠가부터 심심치 않게 들리지만 그 정확한 의미는 아직 친숙하지 않습니다. 4차 산업혁명은 첨단 정보통신 기술이 우리 사회 전반에 녹아들며 혁신적인 변화가 나타나는 차세대 산업혁명입니다. 인공 지능, 사물 인터넷(사물에 센서를 부착해 실시간으로 정보를 모아 인터넷을 통해 주고받는 기술), 빅데이터(big data, 디지털 환경에서 생성되는 방대한 데이터), 모바일 등의 기술이 본격적으로 기존 산업과 합쳐지고 여러 분야의 기술과 융합할 것입니다.

이는 세상이 또 한 번 우리가 예측하기 힘들 정도로 크게 변한다는 의미입니다. 옛날 사람들이 자동차나 컴퓨터, 비행기 등을 상상하지 못했듯 우리도 새로운 기술들이 융합된 다가올 사회를 쉽게 상상하지 못하고, 어떤 미래가 닥쳐올지 모르기 때문에 불안해합니다.

자녀들이 살아갈 세상이 보이지 않습니다. 예전에는 열심히 공부해서 좋은 대학에 들어가면 일자리를 잡을 수 있었습니다. 늘 어렵다 했지만 지금만큼 노력이 가치 없는 시대는 아니었습니다. 이제 어른들의 말을 잘 듣고 열심히 공부해 일류 대학을 가도 미래를 보장받을 수 없습니다.

지금의 아이들은 기성세대가 살아 본 적 없는 세상을 살게 될 것입니다. 어른들이 경험을 통해 중요하다고 생각했던 능력들이 아이들에게는 중요하지 않을 수 있습니다. 다가올 시대에 중요하게 여겨질 능력이나 덕목에 대한 판단을 그르칠 수도 있습니다. 그러다 보니 아이가 미래와 진로를 탐색하는 과정에 부모가 오히려 걸림돌로 작용하기도 합니다.

지식과 정보를 정확히 기억하고 전달하는 능력을 중요하게 여기며 살아온 현재의 어른들과 달리, 아이들이 앞으로 살아갈 세상에서는 정보를 기억하고 전달하는 일을 사람이 하지 않을 것이기 때문입니다. 보고 들은 것을 잘 외우고 어른들이 시키는 대로 말을 잘 듣는 아이가 행복한 인생을 살기 어려운 시대가 되어 가고 있습니다.

앞으로는 기계가 할 수 있는 단순하고 반복적인 일보다 인간만이 할 수 있는 일들을 찾고 창조해서 해야 하는 시대가 될 것입니다. 아이들에게 이런 변화는 익숙합니다. 어른들은 휴대폰을 한 번씩 바꿀 때마다, 컴퓨터 프로그램 하나를 설치할 때마다 설명서를 읽느라고 진땀을 흘리지만 아이들은 몇 번 두드려 보고 만져 보며 곧바로 원리를 터득하고 최신 기기들을 매우 빠르게 활용합니다.

특히 청소년들은 사회적 변화에 민감하고, 새로운 기술에 대한 탐구심이 많으며 습득도 빠릅니다. 부모가 아이들의 말에 귀를 기울일 준비를 한다면 아이들은 게임이나 프로그램, 각종 도구 사용법을 비롯해 동네 맛집 같은 사소한 정보까지도 알려 주고 싶어 합니다. 아이들은 늘 자신이 아는 것을 말하고 싶어 하기 때문에 제 말을 경청하며 배우고자 하는 어른들에게 무척 호의적이며, 더 잘 설명하기 위해 깊은 지식을 탐구할 준비도 되어 있습니다.

시대의 변화에 발맞춰 부모도 변해야 합니다. 이제 부모의 과제는 아이를 가르치는 것이 아니라, 아이에게 배우며 함께 성장하는 것입니다. 자녀를 가르치려는 부모보다 자녀로부터 배우려 하는 부모가 다가올 시대에 더 걸맞는 교육을 하고 있는 것입니다. 이제 누군가의 말을 듣고 외워 행하는 것이 아니라, 스스로 탐구하고 생각하고 말하는 것이 중요한 시대가 오고 있기 때문입니다.

✶ 사람이 결정한다

2016년 1월, 스위스 다보스에서 '4차 산업혁명의 이해'를 주제로 한 다보스포럼(Davos Forum)•이 열렸습니다. 이 포럼에는 최초로 로봇이 참석했는데, 바로 한국 카이스트에서 만든 휴보(Hubo)라는 인공지능 로봇이었습니다. 그러나 그때까지도 우리에게 4차 산업혁명이나 인공지능은 크게 화제가 되지 않았습니다.

같은 해 3월, 이세돌과 인공지능 알파고의 바둑 대결이 있었습니다. 이 대결은 전국에 생방송으로 중계되며 전 국민의 관심을 받았습니다. 이세돌이 1승 4패로 알파고에게 패했고, 이세돌의 패배를 안타까워하는 마음은 인간의 능력에 대한 안타까움으로 확대되었습니다.

이 일로 인해 인공지능에 대한 관심이 커졌습니다. 인간이 인공지능에게 밀릴 수도 있겠다는 두려움도 확산되었습니다. 4차 산업혁명 시대를 '알파고 시대'라는 말로 표현하기도 했습니다. 여기서 한 가지 확인하고 갈 점이 있습니다. 알파고라는 이름을 가진 인공지능은 독립적이고 개별적인 기계가 아닙니다. 구글 딥마인드(Google Deep mind)가 개발한 바둑 관련 인지자동화 프로그램입니다.

이 역사적인 대결은 기계와 인간의 대결로 보이지만 결국 인간과

• 세계 각국의 지도자와 경제·정치 전문가, 경영자 2,000~3,000명이 모여서 폭넓은 분야에 대해 일주일에 걸쳐 개최하는 포럼. 1973년부터 매년 1월 스위스 다보스에서 열리고 있다.

인간의 대결입니다. 수백 명의 전문가들이 오랫동안 협력해 기술력과 데이터를 활용해 인지자동화 프로그램을 개발하였고, 결과물을 알파고라는 인공지능 로봇으로 구체화한 것이니까요. 따라서 이 대결은 알파고 프로그램을 개발한 거대 기업과 이세돌 개인의 대결이라고 볼 수 있습니다.

정보와 기술을 활용하는 주체는 사람입니다. 사람이 사람과 협력해 새로운 정보를 모으고 기술을 융합합니다. 인공지능이 무엇을 하도록 할 것인지 최종 결정을 하는 주체도 사람입니다.

인공지능은 인간보다 정확하고 빠르게 정보를 모으고 분석할 수 있습니다. 자본가는 인공지능을 활용해 점점 더 빠른 속도로 일을 처리하고 생산성을 높여 비용을 절감할 것입니다. 그러나 모든 기술 발달은 역사적 발전이라는 터전 위에 있습니다. 지금의 과학 기술도 오랜 기간 동안 수많은 사람들의 노력과 지혜가 모여서 이루어졌습니다. 기술을 발달시켜 온 주체, 정보를 생산하고 각종 재화의 생산을 결정하는 주체는 사람입니다. 때문에 사람을 중심에 놓는 철학과 관점을 유지하는 것이 4차 산업혁명 시대에 대응하는 과정에서 놓치지 않아야 할 중요한 방향입니다.

미래 사회에 대해서 많은 사람들이 걱정을 합니다. 기계가 일자리를 차지하고 사람이 할 일이 없어질 것이라는 걱정, 빈부의 격차가 심해질 것이라는 우려가 불안의 중심입니다. 그러나 구성원들이 서로 관심을 갖고 긴밀하게 연결되면 모든 사람들에게 유익한 사회 시스템을 구성할 수 있습니다. 과학 기술이 발전할수록 사람이 즐겁고 가치 있게 살기 위해서 어떤 장치와 제도가 필요한지를 함께 의논하고 협력해야 합니다.

이런 시대에 아이들에게 중요한 교육은 무엇일까요? 어떤 사람들은 4차 산업혁명 시대에 요구되는 일자리를 찾기 위해 새로운 기술이나 코딩 교육을 받아야 한다고 말합니다. 하지만 기술 발전을 따라가는 것만으로는 시대를 주도할 수 없습니다.

생각을 완전히 전환해야 합니다. 지금까지 그래 왔던 것처럼 새로운 기술 발전을 쫓아가며 내 아이의 이익만을 앞세우고 아이들끼리 경쟁시키며 순위를 매기는 데 몰두한다면 아이들은 더욱 어려운 조건 속에서 서로를 소외시키며 살게 될 것입니다.

✶ 기술은 어떻게 발달하는가?

4차 산업혁명은 정보 산업과 기술 발달이 중심이 됩니다. 이러한 기술의 변화는 특정 분야에서만 일어나고 있는 현상이 아닙니다. 인터넷, 인공지능, 컴퓨터, 로봇, 빅데이터 등의 기술이 상호 유기적으로 연결되어 산업을 다양하게 변화시킵니다.

빅데이터는 통화 내역, 신용카드 거래 내역, 온라인상 교류 내역, 검색 기록 등 인터넷을 통해서 주고받은 수많은 사람들의 경험과 아이디어를 모은 거대한 정보 자료입니다. 이러한 빅데이터는 각종 사물을 분류하는 기계 학습을 이루는 토대가 되고, 자료를 분석하여 미래를 추론하는 예측하는 머신러닝(machine learning)의 토대도 됩니다.

인공지능, 자율 주행 자동차, 드론, 딥러닝, 로봇, 사물 인터넷 등이 우리가 살아가는 세상을 변화시킵니다. 사물 인터넷은 자동차와 냉장고, 세탁기 등 각종 사물에 인터넷을 연결하는 기술입니다. 세상의 모든 물건에 통신 기능과 인지 자동화 기능을 연결해 인터넷으로 원격 조정하는 것입니다. 이러한 기술은 현재 새로 짓는 스마트 홈 아파트와 각종 가전제품에 시행되고 있습니다.

이 기술들은 각기 개별적으로도 놀라운 성능을 가지고 있지만 서로 결합하고 융합하면서 더욱 큰 변화의 흐름을 만들어 냅니다. 로봇에 인공지능을 결합해 역할도를 높이고, 빅데이터와 딥러닝 등의 정보 기술로 로봇이 얻은 정보를 분석하고 저장합니다.

1차 산업혁명은 18세기, 철도와 증기기관의 발명으로 기계가 등장하며 시작되었습니다. 증기기관의 발명으로 인류는 수공업 시대에서 기계화 시대를 맞이했습니다. 수공업 노동자들은 기계에게 일자리를 빼앗길 것이라 생각해 기계를 때려 부수었습니다. 이것이 노동운동의 역사에서 노동자들의 권리를 주장하는 단결된 투쟁으로서의 기록으로 남은 '러다이트 운동(luddite movement)'입니다. 이 운동은 종종 시대에 뒤처진 사람들의 어리석은 폭동으로 치부되지만 자본가에 맞서 노동자들이 들고일어선 계급 투쟁이었으며, 실제로 이를 통해 노동자들은 노동조합을 결성할 수 있는 권리를 보장받았고, 연금 제도 등을 정착시켰습니다.

그로부터 200여 년 후, 전기가 등장하며 2차 산업혁명이 일어났습니다. 생산 시설이 분업화되며 조립 기술이 발달하였습니다. 자동차와 각종 기기들이 대량 생산되면서 본격적인 산업화 시대가 되었습니다.

3차 산업혁명은 정보화 시대를 이룩했습니다. 20세기 말, 컴퓨터가 등장했고 인터넷이 보급되며 정보가 유통되기 시작했습니다. 과학과 기술은 경제를 성장시켰고 컴퓨터와 인터넷의 보급은 사회를 변화시켰습니다. 물건을 생산하고 유통하는 시간이 절약되었고 노동생산성이 증가했습니다.

다보스포럼의 회장인 클라우스 슈밥(Klaus Schwab)은 4차 산업혁명이 거대한 변화라는 점을 강조합니다. 그는 4차 산업혁명의 특징이 "빠른 속도와 전면적이고 포괄적인 기술, 시스템, 인간의 본질과 정체성을 변화시키는 혁명"이라고 설명했습니다.•

우리는 스마트폰을 열어 세계 곳곳의 뉴스들을 실시간으로 살펴볼 수 있고 거리와 국경도 초월하여 사람들과 대화를 주고받습니다. 지

• 〈다보스의 선택, 4차 산업혁명이 미래다〉, KBS1TV 방송, 2016.11.

금 보고 들은 것을 곧바로 많은 사람들과 공유할 수 있습니다. 10년 전만 해도 이런 세상을 상상할 수도 없었습니다.

정보와 과학 기술의 발달은 사람들의 시야를 넓혀 주고 새로운 세상을 볼 수 있는 힘을 줍니다. 천체 망원경이 개발되면서 인류의 시야는 넓어졌습니다. 시야가 넓어진 뒤 인류는 우주로 나아가는 꿈을 꿀 수 있었습니다.

지금 다가오고 있는 새로운 시대의 과학 기술 역시 우리가 세상을 바라보는 새로운 관점을 가질 수 있도록 도와줄 것입니다. 우리가 배우고 노력하고 다른 사람의 손을 놓지 않는다면…….

공유와 협업이 중심이 된다

✶ 혼자 이루어 내는 성과는 없다

4차 산업혁명 시대를 이해하기 위해서는 다양한 방면의 상상력이 필요합니다. 일단 노동이 바뀔 것입니다. 우리는 흔히 단순한 작업에 반복해 지속적으로 노동력을 투입하는 일을 "삽질한다"고 표현합니다. 이 '삽질'에 대한 이야기를 해 보겠습니다.

500명의 사람들이 삽으로 땅을 파며 일하고 있었습니다. 이들은 한 달 동안 삽질을 하고 월급을 받아 생활했습니다. 그런데 기술의 발달로 포크레인이 발명되자 500명이 매일 여덟 시간씩 한 달 동안 하던 일을 며칠 만에 해치웠습니다. 이때 포크레인이 특정 자본가의 소유라면 500명의 노동자들은 일자리를 잃게 될 것입니다.

하지만 포크레인이 500명이 함께 소유할 수 있는 공유 자산이라면 이들은 일자리를 잃는 것이 아니라 시간을 확보하게 되는 것입니다. 500명의 노동자들이 할 일을 포크레인이 며칠 만에 했다고 해서 그 일을 통한 생산의 가치가 사라지거나 변하는 것은 아닙니다. 즉 500명의 인건비 대신 포크레인을 사용해서 절약된 부가가치를 자본가가 독식하지 않고 전체 사회 구성원들과 공유할 수 있는 사회적 시스템이 마련된다면, 500명의 노동자들도 단순한 실업자가 아니라 잠재력을 가진 자원으로서 더 적극적으로 사회에 기여할 수 있습니다.

여기서 중요한 점 두 가지를 살펴봐야 합니다. 첫 번째, 500명의 일자리가 사라졌다는 현상을 직시해야 합니다. 현재 우리는 사람 500명을 투입해야만 얻을 수 있던 생산 가치를 포크레인을 통해 얻어내고 있으며 생산성 또한 유지하고 있습니다. 이는 부정할 수 없는 현실입니다.

두 번째, 포크레인이라는 발명품과 그것이 가져다주는 편리함은 자본가 개인의 힘으로 이루어 낸 것이 아니라는 점입니다. 지금의 기술 발전은 오랜 세월 동안 많은 사람들이 지혜를 모으고 협력해 발달시킨 문명의 결과물이라는 사실을 기억해야 합니다.

1687년 만유인력의 법칙을 발견한 과학자인 아이작 뉴턴(Isaac Newton)은 "내가 남들보다 더 멀리 보았다면 거인의 어깨 위에 서 있기 때문이다"라는 유명한 말을 남겼습니다. 이는 개인의 능력이 사회 전체가 오랜 기간을 거쳐 누적하고 이루어 낸 업적과 지식을 바탕으로 성장하고 발전해 왔다는 사실을 표현한 것입니다.

"인간은 사회적 존재"라는 말에는 사람이 혼자 살 수 없다는 의미를 뛰어넘는 많은 뜻을 담고 있습니다. 과거부터 현재까지 살아왔던 수많은 사람들의 사회적 재화가 지금의 현대 사회를 만들었으며, 앞으로도 구성원 모두의 노력을 통해서 제도, 문화, 사회적 자산을 만들어 갈 것입니다.

우리는 동시대의 사람들과 연결되어 있으며, 역사를 쌓아 올린 앞선 시대의 사람들과도 연결되어 있습니다. 우리가 지금 어떤 철학과 관점을 바탕으로 살아가는지는 앞으로 살아갈 아이들, 후손들의 삶에 연결되어 영향을 끼칠 것입니다. 이러한 연결성과 상호 의존성을 이해하는 것은 공적 소유를 이해하는 출발점입니다.

✱ 공유 의식이 발달한다

과학 기술이 발달하고 정보와 지식이 융합되면서 만들어진 시스템이 플랫폼(platform)입니다. 플랫폼은 원래 기차역에서 승객들이 열차를 타거나 내리기 편리하도록 철로 옆에 설치해 놓은 평평한 공간을 뜻합니다. 지금은 소통과 만남을 매개로 한 정보 시스템 환경을 뜻하는 용어로 사용됩니다. 구글이나 네이버, 다음처럼 다방면의 정보를 제공, 수용하는 인터넷 시스템을 뜻하기도 하고, 특정 콘텐츠를 제공하는 시스템을 뜻하기도 합니다.

사람들은 플랫폼에서 자신이 필요한 정보를 찾고 지식을 탐색합니다. 동시에 자신이 소유한 정보와 지식을 제공합니다. 이러한 방식으로 많은 사람들이 지식과 정보를 교환하고 저장하는 동안 플랫폼은 더욱 방대한 자료와 정보를 축적합니다. 시간과 거리에 구애받지 않고 공유된 지식은 플랫폼을 더욱 키우고, 축적된 정보는 또 새로운 정보를 만들어 냅니다.

플랫폼은 재화를 유통하는 역할도 담당합니다. 네이버, 구글, 페이스북, 카카오톡 등 SNS(Social Network Services)를 운영하는 거대 플랫폼들은 그들의 내부에 또 크고 작은 플랫폼들을 제작·지원합니다. 작은 플랫폼들은 네트워크로 연결되어 특정 사안에 대한 정보를 주고받으며 수많은 사람들이 제공한 정보를 바탕으로 특정 사업을 연결합니다.

예를 들어, 에어비앤비(Airbnb)는 건물을 소유하지 않고 숙박업을 운영하는 플랫폼입니다. 집을 가지고 있는 사람이 다른 사람에게 집을 빌려주거나 공유할 수 있도록 사람과 사람을 이어 주는 플랫폼을 운영할 뿐입니다. 우버(Uber)는 차량을 소유한 개별 소유자들을 승객과 연결해 주는 플랫폼 서비스입니다.

에어비앤비나 우버는 저렴한 가격으로 신속하게 이용할 수 있다는 점에서 많은 사람들이 선호합니다. 그러나 이용자의 안전에 대한 보장이 취약하고, 단순히 연결만 해 주기 때문에 불이익을 보상하거나 품질 관리를 하지 않는다는 단점이 있습니다. 정확한 실체와 책임 주체를 파악하지 않고 신원을 알 수 없는 사람들끼리 거래를 하기 때문에 서로가 불안감을 느낄 수 있습니다. 또한 플랫폼이 개별 사업장의 노동 권익 등을 보호해 주지도 않습니다.

이러한 플랫폼 서비스는 다양한 일상적 업무를 온라인으로 이동시켰습니다. 이제 우리는 은행 업무, 예약 업무, 쇼핑까지도 인터넷에서 해결합니다. 이런 생활은 인공지능과 빅데이터를 결합한 로봇에 의해 가속화되면서 보다 다양한 형태로 확산될 것입니다. 온라인에서 유통과 배송이 이루어지기 때문에 은행 점포가 사라지고 있습니다. 수많은 쇼윈도와 매장들이 사라지고 새로운 형태로 변할 것입니다.

경험이나 지식, 정보를 혼자 소유하는 것에 그치지 않고 다른 사람과 공유하면서 보람과 즐거움을 얻는 사람들이 늘어나고 있습니다. 각자 가진 것을 다양한 방법으로 주고받는 활동은 지식, 사물, 재화에 대한 소유 개념을 변화시켜 접근과 공유라는 새로운 개념을 만들어 냈습니다.

플랫폼은 놀이터가 되기도 하고 치유의 장이 되기도 합니다. 음악과 미술, 영상, 게임 등을 모아 놓은 플랫폼도 많습니다. 사람들은 일정 금액의 사용료를 지불하고 원하는 콘텐츠를 즐기며 휴식과 위로와 즐거움을 얻습니다.

이처럼 인터넷 플랫폼은 서비스를 통해 모은 데이터를 분석하여 새로운 가치를 창출할 수 있습니다. 4차 산업혁명 시대에 가장 많은 영향력을 가진 사람들이 기술과 정보에 대한 물적·지적 토대 및 디지털 플랫폼을 소유하고 제공하는 사람들입니다. 정보를 모으고 쌓는 사람이 부를 축적하고 새로운 권력을 가질 것이기 때문입니다.

많은 데이터를 소유하고 디지털 생태계를 장악하고 있는 거대 기업과 그렇지 못한 소기업 사이의 빈부격차는 갈수록 커질 것입니다. 거대 기업의 독주를 견제하고 실패와 빈곤에 처한 사람들에게 사회적 안전망을 제공하는 일이 어느 때보다 중요해집니다.

국가는 세금을 투자해 인터넷 연결망이 순조롭게 가동될 수 있는 시설과 인프라를 구축하였습니다. 이러한 공적 시설을 기반으로 유통되고 생산되는 재화는 수많은 사람들의 재산과 지혜를 모아서 만들어 내는 공동 재산입니다. 공동 재화가 소수의 자본가와 특권을 가진 사람들에 의해 독점되지 않도록 사회 구성원들의 권리 의식이 성장해야 합니다. 공공재화에 대한 공유 의식은 사회의 주인으로 살아가는 원동력입니다.

달라지는 직업, 아이의 미래가 변한다

✶ 노동의 개념이 변한다

산업이 발달하며 노동의 형태는 변했습니다. 전통적인 의미에서 노동이란 의식주를 위한 기본 재화를 생산하는 육체적인 활동을 의미했습니다. 식재료를 수확하는 일, 건물을 짓는 일, 공장에서 물건을 생산하는 일 등이 그것입니다.

산업이 발달하고 기계화되면서 사람들이 모여 모내기하는 모습을 보기 어렵게 되었습니다. 기계를 사용하여 곡식을 심고 가꾸고 수확하니 시간이 단축되고 생산량도 많아졌습니다. 공장에서 물건이 만들어지는 시스템이 자동화되면서 많은 육체 노동이 기계로 대체되었고 생산량은 늘어났습니다.

증가된 생산물들을 더 많은 사람들에게 빠르게 전달하기 위해 유통업과 서비스업이 발달했고, 노동의 의미도 확대되었습니다. 농어촌이나 공장뿐 아니라 백화점이나 유통업계에서 일하는 노동자들이 늘어났습니다. 이런 현장에서 일하는 노동자들은 고용하는 주체들과 계약을 맺고 일정한 노동력을 제공하고 임금을 받으면서 생활합니다.

4차 산업혁명 시대를 맞아 또 한 번 노동의 개념이 바뀌고, 새로운 노동이 생겨날 것입니다. 노동력을 제공하고 그에 상응하는 대가를 받던 지난 시대와는 달리, 처음에는 돈이 되지 않지만 시간이 지나면 돈으로 환원되는 노동이 생겨날 것입니다. 아이디어와 데이터를 모으는 일, 새로운 콘텐츠를 만드는 일들은 시간을 확보해 더 많은 부가가치를 생산할 수 있는 노동입니다. 당장 수입으로 연결되지는 않지만 사람들에게 정보를 제공하고 관심과 흥미를 불러일으킬 수 있는 일도 중요한 노동이 될 것입니다.

구글이나 네이버 등의 거대 플랫폼들은 플랫폼 사용자들이 생산한 콘텐츠를 이용해 수익을 얻었습니다. 블로그에 글을 쓰는 사람들, 동영상을 만들어 유튜브에 올리는 사람들이 플랫폼의 가치를 생산했습니다. 이러한 활동들 자체가 플랫폼의 가치를 생산하는 노동입니다.

그렇다면 플랫폼 회사는 이용자들이 생산한 가치로 돈을 번 셈이니 플랫폼에 자료를 올린 사람들이 수익 분배를 요구할 수도 있지 않을까요? 이런 움직임이 생겨 난다면 사람들이 생산한 유무형의 가치에 대한 인정을 요구하는 법적 근거들을 마련할 수도 있을 것입니다. 인터넷상의 정보들이 빅데이터가 되는 세상에서는 인터넷에 의견을 올리거나 물건을 사고파는 자체가 새로운 데이터를 생산하는 일이 됩니다.

국가는 많은 사람들이 제공한 정보와 의견들이 만들어낸 부가가치의 수익성을 따져보고, 기업들에게 그에 대한 의무와 역할을 부과할 수도 있을 것입니다. 플랫폼에서 공정한 교류와 거래가 이루어지도록 감독하는 일 역시 필요할 것입니다.

인간의 노동은 기술 발달의 진행에 따라서 육체 노동에서 정신 노동으로, 단순 노동에서 창의적인 노동으로, 개인 노동에서 협력 노동으로 변화해 왔습니다. 4차 산업혁명 시대에 노동의 형태는 한 번 더 변할 것입니다. 인터넷 댓글을 다는 행위가 대가성을 가진 일이 될 수 있다는 사실은 4차 산업혁명 시대 노동의 개념을 이해하는 중요한 단서를 제공합니다.

노동에 대한 우리의 개념이 변화하지 않으면 일을 하고도 적절한 보상을 받지 못할 뿐 아니라, 일을 했다는 사실 자체도 인식하지 못할 수 있습니다. 새로운 시대, 새로이 등장한 일들에 대한 다른 관점이 필요합니다.

✶ 전문직의 미래

지금까지 부모들이 경험한 교사들은 대부분 학생들에게 지식이나 기술을 전달하는 전문가였습니다. 학생들은 교사들이 설명하는 내용을 잘 듣고 중요한 것은 밑줄 치면서 외웠습니다.

교사가 전문성을 가진 직업이라는 점은 변함없지만, 교사의 역할은 변하고 있습니다. 예전에는 지식을 전달하는 전문가였다면, 지금은 학생들의 생각과 경험을 다른 사람의 것과 효과적으로 연결할 수 있는 방법을 연구하고 실천하는 전문가에 가까워지는 중입니다. 예전에는 전달자였다면 점차 안내자로서의 역할이 커졌습니다.

교사만이 아닙니다. 다양한 분야의 전문가들이 담당해야 할 과제가 변하고 있습니다. 지식을 일방적으로 전달하기보다는 전문성을 바탕으로 많은 사람들이 풍부한 경험을 할 수 있도록 연결해 주는 일이 점차 중심이 될 것입니다.

그동안 전문가란 많은 경험과 지식을 가진 사람들이었고, 그 지식을 증명할 수 있는 일정한 시험을 거쳐서 선발되었습니다. 그리고 해당 분야의 지식과 정보를 바탕으로 문제를 해결해 주었습니다.

많은 사람들은 전문가들이 문제를 해결해 주기 때문에 그들을 직업적으로 좀 더 높이 평가합니다. 전문가의 의견을 듣기 위해 높은 비용을 치르거나 줄을 서서 기다리기도 하고, 모여서 그들의 강의를 듣기도 합니다.

전문가들은 사람들의 건강을 지키며 생명을 구하고, 법적인 분쟁이 일어났을 때 도움을 줍니다. 아이들을 교육하거나 재산을 관리해 주기도 하고, 자연 현상이나 사회 현상을 연구하며 새로운 기술을 개발합니다. 이러한 능력 덕분에 비교적 높은 수입을 얻어 안정된 생활을 하고, 사회적으로도 의미 있는 일을 한다는 인정을 받을 수 있습니다. 그래서 많은 부모들은 자녀가 열심히 공부해 전문가가 되기를 기대해 왔습니다.

그런데 시대가 흐르고 산업이 발달하며 전문가의 범위와 역할도 변하고 있습니다. 산업 사회 초기에 전문직으로 인정받던 여러 직업들이 지금은 사라졌습니다. 반면 새로운 기술이 발달하며 이전에는 없던 새로운 전문가들이 등장하기도 했습니다. 인공지능을 적극 활용하게 될 앞으로는 전문가들의 사회적 역할, 직업의 종류와 내용에서 많은 변화가 일어날 것입니다. 전문가들의 역할 변화를 세 가지 방향으로 살펴보겠습니다.

첫째, 새로운 전문 분야가 생길 것입니다. 지금까지는 눈에 보이는 재화, 육체적 건강을 관리하고 지식 정보를 전달하는 전문가들이 있었다면 앞으로는 눈에 보이지 않는 재산과 정신 건강을 관리해 주는 전문가, 지식과 정보를 연결해 주는 전문가들이 늘어날 것입니다. 데이터 분석과 활용 전문가, 인공지능 연구와 개발 전문가, 사물 인터넷 운영 전문가 등 기술 발달에 따라 다양한 역할의 전문가들이 등장할 것임을 예측할 수 있습니다.

둘째, 전문 지식을 이용하는 비용이 더욱 낮아질 가능성이 있습니다. 지금까지 전문 정보는 고급 정보로 소수에게 독점되어 왔지만 인터넷과 인지 자동화 시스템이 발달하며 예전에 비해 정보 공유 폭이 넓어지고 있기 때문입니다. 앞으로 이 추세는 점점 심해질 것입니다.

누구나 지식과 정보에 점점 접근하기 쉬워지고, 많은 전문 지식들이 공개되고 공유될 것입니다. 지식을 접한다고 해서 누구나 그것을 활용할 수 있는 것은 아니지만 접근 자체가 어려웠던 시절과는 많이 달라질 수밖에 없습니다. 전문가의 자격도 좀 더 완화되어, 예전에는 전문가들이 하던 일을 준전문가들이 담당하는 방식으로 변할 가능성이 높습니다.

셋째, 전문가는 지식과 정보에 대한 전문성을 넘어 인간을 파악하는 능력을 키워야 할 것입니다. 지식 자체에 대한 접근성이 낮아진 만큼 사람들에게 가장 필요한 정보를 선택하고 연결해 주는 역할이 강조될 것이기 때문입니다. 안내자, 연결자로서의 소양이 중요해지며 상대방에 대한 파악 능력이 그만큼 더 중요해집니다. 기계적인 전달자에서 인간적인 안내자로서의 역할이 커지며 윤리적인 책무감 역시 더 높아질 것입니다.

✶ 미래 노동의 특징

다가올 시대, 새로운 노동의 특징을 세 가지로 살펴보겠습니다. 첫째, 인간의 감성을 이해하고 공감하는 일들이 늘어날 것입니다.

한국고용정보원에서 발간한 보고서에서 앞으로 사라질 것이라 예측한 일들은 단순 노무직, 조세 행정 사무원, 기계 조작원, 판매 계산원, 행정 경영 지원 서비스, 문서 번역 등입니다. 인지 자동화 프로그램으로 대체할 수 있는 노동들이라는 공통점이 있습니다. 육체 노동, 사무 노동을 가리지 않고 단순하고 반복적인 일들은 줄어들 것입니다.•

반면 같은 보고서에서 앞으로도 꾸준히 수요가 있을 것으로 예상하는 일자리는 상담사, 간호사, 화가, 음악가, 만화가, 배우, 미술가 등입니다. 이 일들의 공통점은 인간의 감수성과 창의성이 요구되는 일이라는 점입니다.

이러한 예측을 보면서 사람들은 의문을 느낄 것입니다. 감수성과 창의성이 요구되는 일에 종사할 수 있는 사람은 극소수 아닌가? 새로운 일자리 전망이라 하기에 상담, 미술, 음악 등을 소비하는 수요는 너무 적지 않은가?

달라진 사회를 상상할 수 있어야 달라진 노동도 상상할 수 있습니다. 기계적이고 반복적인 일을 인공지능이 대체하면 업무 처리 속도

• 『기술 변화에 따른 일자리 영향 연구 보고서』, 박가열 외 지음, 한국고용정보원, 2016.10.

가 빨라지고 생산성이 높아질 것입니다. 아직까지는 기계나 인공지능의 개발비와 관리비 등이 인건비보다 오히려 높은 측면이 있어 단순 노동에도 투입되지 못하는 경우가 많지만 속도의 문제일 뿐, 노동의 대체는 거스를 수 없는 흐름입니다.

'컴퓨터'라는 말의 어원을 아십니까? 모든 수학적 계산을 사람이 직접 해야 했던 시절, 미국의 항공 우주국 나사(NASA) 연구소에서는 흑인 여성들을 고용해 고도의 계산 업무를 맡겼습니다. 이 여성들을 부르는 명칭이 컴퓨터였습니다. 처음에는 '전문적으로 계산을 하는 여성'들을 지칭하는 단어였던 컴퓨터는 이후 복잡한 계산이 가능한 기계가 발명되며 그 기계를 뜻하는 단어가 되었습니다. 그리고 계산 업무에 할당되던 일자리는 역사의 뒤안길로 사라졌습니다.

계산 업무 일자리가 사라진 대신 새로운 기계를 관리하고 운용할 사람이 필요해졌습니다. 컴퓨터의 발명은 그 전까지 없었던 새로운 일자리를 만들어 냈고 업무 처리 속도를 빨라지게 했습니다. 인력 투입이 줄고 업무 처리가 빨라지자 여유 시간이 생겼습니다. 이처럼 기술 문명의 발달은 사람들에게 '여가 시간'을 만들어 줍니다.

삶에 시간과 여유가 생기면 여가를 즐기고 새로운 것을 가르치고 배우기 위한 일자리가 늘어납니다. 예술 작품을 보고 느끼고 즐기는 차원을 넘어서 직접 자신을 표현하고 싶어 하는 사람들이 많아집니다. 다양한 문화 예술을 배우고 표현하려는 사람들이 많아질수록 문화 예술에 관련한 일자리도 더 많아질 것입니다.

각 도시에 있는 병원의 수만큼 사람의 아픈 마음을 돌보고 대화법을 가르치는 상담소가 늘어날 수도 있습니다. 마을마다 시민들의 의견과 입장을 모으고 올바른 정보를 나누기 위한 공무원들을 배치할 수도 있습니다. 이미 여러 도시에서 마을 민주주의에 대한 연구와 실천이 진행되고 있습니다. 다만 이런 모든 변화는 우리 스스로 변화를 인지하고 제대로 운용해야 더 잘 자리 잡을 수 있을 것입니다.

자동화 대체 확률 낮은 직업

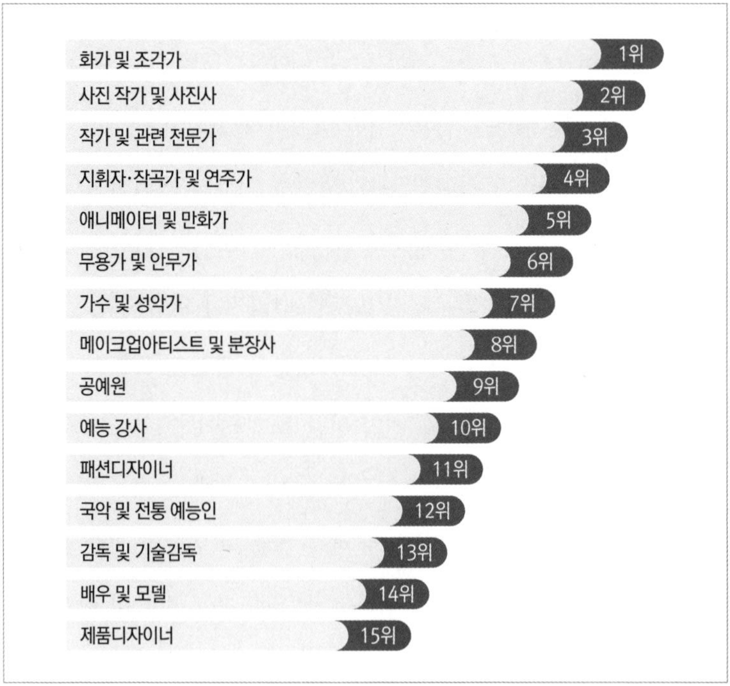

화가 및 조각가	1위
사진 작가 및 사진사	2위
작가 및 관련 전문가	3위
지휘자·작곡가 및 연주가	4위
애니메이터 및 만화가	5위
무용가 및 안무가	6위
가수 및 성악가	7위
메이크업아티스트 및 분장사	8위
공예원	9위
예능 강사	10위
패션디자이너	11위
국악 및 전통 예능인	12위
감독 및 기술감독	13위
배우 및 모델	14위
제품디자이너	15위

자료 : 한국고용정보원, 2016

둘째, 협력하는 노동이 증가할 것입니다. 미래 사회는 초연결 사회입니다. 업무와 업무, 시스템과 시스템, 분야와 분야가 복잡하게 얽히기 때문에 한두 사람의 책임자가 일방적으로 결정하고 다른 사람들은 따라야 하는 문화는 점차 사라질 것입니다. 보다 많은 사람들이 참여하고 다양한 문화와 분야의 사람들이 한 가지 주제나 목표를 위해 힘을 합치는 문화가 정착할 것입니다.

다양성은 그 자체가 경쟁력입니다. 여러 사람들의 생각을 모으고 뜻이 같은 이들을 연결해 주는 일을 하는 사람이 늘어날 것입니다. 협업 체제에서 제 역할을 하려면 나와 다른 생각을 가진 타인을 존중하는 태도를 체화해야 합니다.

셋째, 시간이 재화를 생산하는 토대가 될 것입니다. 쉬고 노는 시간도 일하는 시간 못지않게 중요한 가치를 생산해 낼 것입니다. 4차 산업혁명 시대의 노동은 가치를 생산하는 활동입니다. 가치를 생산하기 위해서는 다른 사람이 짜 놓은 시간과 계획에 따라서 열심히 일하는 것을 넘어서, 자신이 스스로 시간을 보낼 방법과 장소를 선택하고 자유롭게 시간을 사용할 기회가 더 많이 주어져야 합니다.

새로운 콘텐츠는 사무실에 오래 앉아 있는다 해서 만들어지지 않습니다. 가고 싶은 곳을 가고, 보고 싶은 것을 보고, 다양한 활동을 자유롭게 즐기는 사람들이 새로운 콘텐츠를 만들어 낼 가능성이 많습니다. 따라서 더 많은 시간이야말로 새로운 가치를 창출할 수 있는 가능성입니다.

우리는 정해진 일터를 방문해, 그곳에서 자신의 시간을 일정 부분 보내며 일하는 방식에 익숙해져 있습니다. 정해진 공간에서 정해진 일을 정해진 시간만큼 해야 노동으로 인정받고 대가를 받았습니다. 앞으로 노동 시간이란 직장에서 근무하는 시간을 넘어선 개념이 될 것입니다. 사람이 자유롭게 쓸 수 있는 시간도 노동의 연장이라는 의미로 보장받으며 여유 있게 관찰하고 생각할 수 있어야 새로운 콘텐츠를 만들어 낼 수 있기 때문입니다.

창의력이 중요하다는 말은 새로운 콘텐츠를 생산해 내는 능력이 중요하다는 뜻입니다. 그런데 창의력을 구체화하는 데는 시간이 절대적으로 필요합니다. 뭔가를 탐구하거나 관찰하고 연결하는 경험들이 필수적이기 때문입니다. 여행을 생각해 보면 이해가 쉽습니다. 여행 그 자체가 새로운 물질을 생산하지는 않지만 새로운 아이디어를 떠올리고 연결 고리를 찾아내는 토대가 되어 줍니다.

지금 어른들이 중요하다고 생각하는 것을 기준으로 삼지 말고 아이가 성인이 되는 10년, 20년 후의 시대적 특징과 노동 형태의 변화를 면밀히 파악하여, 아이들이 어떤 경험을 하면서 세상을 배우도록 안내할 것인지를 고민해야 합니다. 4차 산업혁명 시대에는 같은 시간을 어떻게 보내느냐가 어느 때보다 중요해질 것입니다.

아직도 많은 부모들이 변화를 감지하지 못하고 아이들에게 쉬지 않고 공부할 것을 요구합니다. 여전히 구시대적인 입시 공부와 경쟁에 연연합니다. 그러나 아이들에게 단순한 정보와 지식들을 암기하고 저장하도록 안내하고, 시험을 보면서 서열화에 매달리게 만드는 것은 그 어느 때보다 소중한 가치를 가지게 된 아이들의 '시간'을 어른들이 낭비하는 것입니다.

✶ 미래 사회에 가장 필요한 것은 소통 능력

2016년 다보스포럼의 주제는 '4차 산업혁명의 이해'였습니다. 2017년의 주제는 '소통과 책임의 리더십'이었습니다.

4차 산업혁명과 소통, 책임, 리더십이 무슨 관계가 있을까요? 기술 발달이 사람을 소외시키지 않고 삶의 질을 올리는 데 쓰이기 위해서는 시대 변화에 발맞춘 사회 제도와 안전 장치가 필요하고, 따라서 정부와 지도자의 리더십이 중요합니다. 소통하고 책임지는 리더가 기술 발달의 성과물들을 더 많은 사회 구성원들이 함께 나누고 공유할 수 있는 제도를 만들기 때문입니다. 이런 리더를 가지기 위해서는 사회 구성원 한 사람 한 사람이 성숙한 의식을 가져야만 합니다.

어른들의 관심과 시야가 '내 아이의 일자리' 정도의 범위를 넘어서야 합니다. 내 아이가 특정 기술이나 지식을 익혀 일자리를 잡는 것은 객체로서 일시적인 기간 동안 살아가는 방편을 마련하는 것입니다.

사회의 주체로서 장기적이고 안정적으로 살아가기 위해서는 새 시대에 필요한 역량을 갖추어야 하고, 의식을 발전시켜 우리가 살아가는 세상 그 자체를 개선해야 합니다.

인간이 처한 상황에 대한 불안함과 두려움을 가지는 경우는 두 가지입니다. 첫 번째는 상황에 대해 잘 알지 못할 때입니다. 두 번째는 어떤 상황에 자기 혼자 대응하고 있다고 느껴질 때입니다. 혼자가 아니라 여러 사람이 함께 대응하고 있다 하더라도 서로 소통하지 않으면 모두가 떨어진 섬처럼 혼자 두려워하게 될 것입니다. 미래 사회를 대비하기 위한 핵심 역량으로 의사소통 능력이 강조되는 이유입니다.

사람들은 아직 다가올 미래에 대해 잘 모르면서도 막연한 두려움을 느끼고 있습니다. 우리 아이들은 혼자서는 해결하기 어려울 정도로 다양하고 광범위한 문제가 쌓인 세상 속에서 살아갈 것입니다. 복잡한 세상을 살아가기 위해서는 경쟁하기보다는 소통하고 협력해야 합니다.

인간의
시대가 온다

코딩 교육이 대세라고?

✶ 무엇을 위해 코딩을 배우는가

한국에서 4차 산업혁명 시대의 교육에 대한 논쟁은 뜻밖에도 코딩(Coding) 교육에 대한 논쟁에서 시작되었습니다. 격변하는 사회에서 교육적 가치, 인간과 인간의 상호작용에 대한 철학을 고민하기도 전에 코딩 교육이 논쟁의 중심이 된 것입니다.

코딩은 컴퓨터라는 자동화 기계와 대화를 시도하는 언어 도구입니다. 우리가 사용하는 전기 밥솥, 세탁기, 에어컨 등 자동화 기기들에 센서 기능이라는 명칭으로 코딩 장치가 들어가 있습니다. 코딩 기능이 있기에 버튼을 누르면 명령어를 받아 기계가 작동하는 것입니다. 코딩은 컴퓨터 프로그램을 작성하거나 통신에서 데이터를 전송시킬 때 필요한 기호를 부여하는 일이기도 합니다. 어플리케이션이나 홈페이지에 개별 아이디어를 디자인하고 프로그램 명령어를 사용해서 상품화하는 과정들이 모두 코딩에 해당합니다.

이름부터 낯선 코딩 교육이 갑작스럽게 아이들의 창의성을 높이고 문제 해결 능력을 높이는 필수 과목으로 부각되자 부모들은 당황했습니다. 대도시 아파트 단지를 중심으로 코딩 학원이 등장했고, 코딩 교육 선행 학습을 권하기도 했습니다. 주말이나 방학을 이용해 코딩을 체험하는 청소년 캠프들도 나타났습니다.

제가 만난 부모들 중 일부는 아이의 미래를 위해서 코딩 학원에 보내고 싶다고 말합니다. 어렵게 대학을 졸업하고도 일자리를 찾지 못해서 고통받는 수많은 청년들의 모습을 보면서, '어릴 때부터 코딩을 배워 두면 나중에 직업을 구하는 데 조금이라도 유리하지 않을까' 하는 생각이 든다는 것입니다.

언론은 미래를 살아갈 학생들에게 코딩 교육이 필요하다는 사실을 강조했고, 항간에는 코딩이 창의적 인재를 만드는 교육이며 영어나 수학보다 중요한 학문이라는 이야기가 떠돌기도 했습니다. 물론 다가올 시대에 인공지능과 컴퓨터 프로그램의 구성 원리와 진행 과정을 알면 유리한 점이 많을 것이고, 기본적인 코딩 교육은 나쁠 것이 없습니다. 그러나 코딩 교육 자체가 창의성을 기르는 학습이라고 보기는 어려우며, 어린 시절부터 기술과 자격증을 취득하는 방향으로 접근하는 것은 문제가 있습니다.

코딩은 컴퓨터 언어를 이해하고 적용하여 프로그램을 만들어 내는 과정입니다. 2018년부터 중학교 과정에서 코딩을 정규 과목으로 배우고, 2019년부터는 초등학교에서도 정규 과목으로 배우게 됩니다. 코딩 교육의 목표는 '코딩'이라는 기술 자체의 습득보다는 창의성과 문제 해결 능력을 기르는 것입니다. 그런데 이 두 가지 능력은 특정 기술을 익힐 때가 아니라 배우는 내용을 종합적으로 연결하며 성장하므로 이 능력을 키우기 위해서는 서로가 유기적으로 연결된 전체 교육 과정 모두가 필요합니다.

코딩 교육은 우려와 기대를 동시에 받고 있습니다. 어린 시절의 코딩 교육에서 가장 주의해야 할 점은 기술이나 지식을 선점해야 할 학습 과목이라는 관점으로 접근해서는 안 된다는 것입니다. 경쟁적으로 학습해야 할 또 하나의 과목으로 접근하면 학습 부담으로 작용하면서 오히려 관심과 흥미를 떨어뜨릴 수 있기 때문입니다. 선행 학습 역시 필요없습니다.

코딩 교육이 창의성을 높이고 문제 해결력을 높이는 데 기여하려면 학생들이 부담 없이 즐겁게 배울 수 있도록 교육 과정이 구성되어야 합니다. 코딩은 목적이 아니라 과정이며, 학생들이 교과 교육 활동과 생활 체험 활동을 통해 배운 내용을 표현하고 연결하는 도구로서의 의미를 가집니다. 2016년 12월에 교육부에서 밝힌 소프트웨어 교육

계획안은 다음과 같습니다.

구분	교과과목	내용
초등학교 5~6학년	실과	가정과 사회에서 소프트웨어가 적용된 사례와 우리 생활에 미치는 영향을 이해하고, 일상생활의 문제를 절차적으로 해결하는 과정을 놀이와 기초적인 프로그래밍을 통해 체험. >> 교수 학습 방법 예시 : 절차적 사고를 적용할 수 있는 일상생활 속의 사례들을 찾아보고, 놀이 중심의 활동, 퍼즐 등의 다양한 활동을 통해 문제 해결 과정을 이해하도록 지도.
중 학 교 1~3학년	정보	정보 사회의 특성 및 관련된 진로를 탐색하고, 교육용 프로그래밍 도구를 통해 일상생활의 문제를 절차적으로 해결. >> 교수 학습 방법 예시 : 특정 프로그래밍 언어의 기능 습득에 치중하지 않도록 유의하여, 실생활 문제 해결 프로젝트를 동료와 협력적으로 수행.
고등학교 1~3학년	정보	정보 과학의 지식과 기술의 활용 분야, 관련 직업 및 진로를 탐색하고, 실생활과 다양한 학문 분야의 문제를 절차적인 방법과 프로그래밍 과정을 통해 해결. >> 교수 학습 방법 예시 : 동일한 문제를 해결하는 다양한 알고리즘을 설계하고, 각각의 차이점에 대해 토론하도록 지도.

표를 보면 초등학교와 중학교, 고등학교를 가리지 않고 모든 코딩 교육 과정에서 공통적인 관점을 발견할 수 있습니다. '절차적으로 해결하는 능력'을 중요시한다는 점입니다. 절차적으로 해결하는 능력이란 새로운 상황에서 낯선 문제를 해결하기 위해 생각하고 행동하는 능력이며, 이것을 창의력이라고도 합니다.

또 절차적으로 해결하는 능력을 기르기 위한 교수 학습 방법으로 초등학교에서는 놀이와 퍼즐 등 다양한 활동을 하도록 제시하고 있습니다. 중학교에서는 실생활 문제 해결 프로젝트를 동료와 협력적으로 수행하는 학습 방법을, 고등학교에서는 동일한 문제를 해결하는 다양한 방향을 설계하고 차이점을 토론하라고 제시합니다.

이를 통해 문제 해결력을 기르기 위해서는 여러 가지 방법으로 접근해야 함을 알 수 있습니다. 학생들은 친구들과 함께 다양한 놀이를 통해서 복잡한 규칙을 배우고, 상대방의 반응에 따라 순간적으로 대응하는 방법도 배웁니다. 여러 친구들과 함께 팀을 짜 놀면서 시합을 잘 이끌어 가기 위해 협력하고 흩어지는 방법, 순발력을 몸으로 익힙니다. 그러다가 생활 속 문제를 해결하는 법을 훈련하고, 나중에는 다양성에 대해 연구합니다. 문제 해결 능력은 이처럼 단계적으로 성장하며, 코딩 기술을 배운다 해서 갑자기 발달하지 않습니다.

컴퓨터 교육은 당연히 필요합니다. 그러나 컴퓨터를 통한 코딩 교육을 지나치게 강조할수록 절차적 사고 능력을 높인다는 본질적 목적을 달성하는 데는 어려움이 생깁니다. 절차적 사고 능력은 앞의 표에서 강조하는 것처럼 다양한 놀이와 예술 활동을 통해서, 각종 체험 활동과 적응 활동을 통해서, 친구들과 함께 하는 협력·분산·토론 활동을 통해 길러지는 것이기 때문입니다. 다양하고 풍부한 활동이 필수적입니다.

✶ 수단이 아니라 목적을 배워야 한다

학생들에게 자유 주제로 주변 사람들을 조사해 결과를 발표하는 과제를 내준 적이 있습니다. 아이들은 다양한 주제를 바탕으로 발표 자료를 만들었습니다. '스트레스와 스트레스 해소법', '중학생이 좋아하는 가수는 어떤 스타일인가', '중학생은 아빠와 일주일에 몇 시간 정도 대화하는가', '중학생들의 여가 시간 보내는 방법' 등 다양한 내용을 조사했습니다.

발표용 파워포인트 자료도 만들었습니다. 아이들은 사진이나 그래프를 이용해 어떻게 효과적으로 내용을 표현하고 전달할 것인지를 의논했습니다. 강조할 부분에는 효과음을 넣기도 하고 배경 음악을 깔아 관심을 환기시키기도 했습니다. 이런 수업을 할 때면 학생들이 디지털 기술을 얼마나 빠르게 배우는지를 새삼 깨닫게 됩니다.

어른들은 새로운 기술이 나오면 그 기술의 운용 방법을 배우는 것이 중요하다고 생각하고, 그것을 가르치기 위한 경쟁에 몰두합니다. 하지만 아이들의 기술 흡수력은 어른들의 상상 이상으로 높습니다. 수단으로서의 기술을 가르치는 것보다 중요한 것은 그 수단의 목적, 기술로 구현해 낼 콘텐츠를 구상하는 법을 배우는 것입니다. 함께 고민하고 협력하면서 더 나은 구상을 통해 결과물을 만드는 과정을 거쳐 보아야 합니다. 아무리 최신 기술을 배운다 해도 그 안에 채울 것이 없다면 빈 그릇에 지나지 않습니다. 스마트폰이 가치 있는 이유는 그

안에 수많은 콘텐츠가 있기 때문입니다.

따라서 아이들의 기술 교육은 단순히 도구를 다루는 방법을 훈련시키는 방식이 아니라 디지털 기술과 콘텐츠의 결합으로 새로운 가치를 만드는 법을 알려 주어야 합니다. 다양한 콘텐츠에 대해 고민할 기회를 주고, 아이디어를 내고 취합할 수 있는 풍부한 교육 활동이 결합되어야 합니다.

아이디어, 풍부한 콘텐츠에 대한 발상력은 필수적으로 다양성과 이어집니다. 지금 우리가 활용하고 있는 사물 인터넷의 다양한 센서 기능은 디지털 기술을 가진 한 사람만의 힘으로 생산되지 않았습니다. 신기술 하나에도 수많은 사람들의 아이디어가 담겨 있습니다. 콘텐츠를 가지고 있는 사람이 새로운 소프트웨어 가치를 생산하기 위해서는 본인이 디지털 기술을 배울 수도 있지만, 디지털 기술을 가진 동료와 협력할 수도 있습니다. 콘텐츠를 구상하기보다는 그것을 실제로 구현하기 위한 디지털 기술을 더 깊게 배우고 싶은 사람들도 있습니다. 따라서 각자의 흥미와 재능을 바탕으로 협력하는 즐거움을 경험하고 존중하는 교육이 실행되어야 합니다.

코딩 교육이 문제 해결 능력과 창의력을 기르기 위해서는 협력 활동이 필요합니다. 디지털 기술에 관심을 가지고 배우는 코딩 기술자, 예술 활동이나 문학 활동을 포함해 다양한 인지 능력과 취미를 바탕으로 자신이 잘할 수 있는 분야의 콘텐츠를 배우고 익히는 사람, 여러 가지 콘텐츠를 현실 생활과 연결하는 시스템 기술자가 만나서 협력할 때 의미 있는 소프트웨어 작업을 진행할 수 있습니다.

우리가 미래 교육에서 중점을 두어야 하는 것은 당장 직업 현장에서 적용할 수 있는 기술 교육이 아닙니다. 컴퓨터의 기능이나 역할을 이해하는 것보다는 살아가며 부딪칠 문제들을 해결할 수 있도록 적극적인 문제 해결 능력을 기르는 것이 중심이 되어야 합니다. 내가, 내 아이가 세상과 삶 속에서 어떤 역할을 할 수 있을 것인지에 대한 기본적인 고민과 이해부터 시작되어야 합니다.

인류가 보내 온 어떤 시대보다도 사람과 사람, 직업과 직업의 연결이 중요한 시대가 다가오고 있습니다. 그런 사회에서 가장 중요한 것은 단순 기술이 아니라 연결을 위한 기술, 타인과 협력할 수 있는 능력입니다.

- 내가 좋아하는 것은 무엇인가?
- 나는 다른 사람에게 어떤 즐거움을 줄 수 있는가?
- 다른 친구들과 함께 행복하게 살기 위해서 내가 할 수 있는 일들은 무엇일까?
- 무엇을 배우면 다른 사람들과 재미있고 유익한 시간을 보낼 수 있을까?

이러한 문제들의 답을 찾기 위해 고민하고 탐색하는 활동이 필요합니다. 문제 해결 능력은 자기 자신에 대한 관심과 다른 사람에 대한 관심에서부터 시작하기 때문입니다. 여러 가지 답이 도출될 것입니다. 누구는 요리를 좋아하고, 누구는 그림 그리는 것을 좋아합니다. 남들은 싫어하는 수학 문제 푸는 것을 좋아할 수도 있고, 글쓰기를 좋아할 수도 있습니다.

컴퓨터 기술로서의 코딩은 전문가들에게만 필요하지만 코딩이라는 기능 자체는 이 모든 일에 필요합니다. 예를 들어서 요리사가 레시피를 작성할 때 재료 준비부터 음식을 요리하는 절차를 세심하게 작성하는 것, 복잡한 문제를 풀 때 단순한 과정부터 복잡한 과정까지 파고 들어가는 일련의 규칙을 따르는 것, 돌발 상황이 생겼을 때 행동해야 할 절차와 순서를 매뉴얼로 작성하고 결과를 얻기 위해서 절차를 실행하는 것. 이 모두가 코딩이며 이런 질서를 가르치는 모든 것이 코딩 교육에 해당합니다.

컴퓨터를 활용하지 않아도 보드 게임이나 카드놀이, 글쓰기, 요리, 역할놀이 등의 활동을 통해 논리적 사고력과 코딩 능력을 높일 수 있습니다. 학생 중심 활동을 실천하는 교사들은 이러한 컴퓨터 밖에서 이루어지는 언플러그드 방식의 코딩 교육을 다양하게 활용하는 중입니다.

문제 해결 능력과 창의성을 기르는 일은 4차 산업혁명 시대의 중요한 교육 목표입니다. 단순히 '미래에는 IT 산업이 발달할 것이므로 국민 모두에게 코딩 교육이 필요할 것'이라는 식의 접근법은 오히려 위험합니다. 종합적인 학교 교육을 통한 협력과 소통 문화를 정착시키지 않으면 코딩 교육은 단순 기술 교육 이상으로 자리 잡기 어려울 것입니다.

교육의 목적, 창의적 인간 만들기

✶ 창의성은 행복의 조건이다

아이들에게 어떨 때 행복한지 물어보았습니다.

"친구들이랑 함께 웃으며 집에 올 때."

"내 얘기를 친구가 잘 들어 주고 내 농담에 크게 웃어 줄 때."

"부모님이 나를 믿어 주고 격려해 줄 때."

"억울한 일을 당했는데 오해가 풀려서 상대방에게 사과를 받았을 때."

"여자 친구에게 멋지다는 말을 들었을 때."

"열심히 공부해서 성적이 올랐을 때."

"친구가 어려워하는 문제를 푸는데 내가 도와줘서 고마워할 때."

"친구들이랑 함께 농구하고 맛있는 거 먹을 때."

의견은 다양했지만 다른 사람과 소통이 되었을 때 행복을 느꼈다는 공통점이 있습니다. 자신의 존재를 인정받고 존중받을 때 인간은 행복을 느낍니다.

인간의 감성과 이성은 연결되어 있습니다. 어떤 일을 기억하는 과정에서 즐거웠던 일들은 지속적으로 생각하고 상상하고 싶어 합니다. 다른 사람들에게 이야기를 하거나 기억을 곱씹다 보면 잊고 있었던 일까지 연이어 생각나기도 합니다. 이처럼 생각이 꼬리를 물어 자신의 경험과 연결되는 단서를 발견하거나 떠올렸을 때, 사람의 창의력과 상상력은 한 단계 더 풍부해집니다.

좋은 감정, 즐거운 기억, 긍정적 정서와 결합됐을 때 학습 효과와 몰입도는 더 높아집니다. 과거와 현실을 연결할 수 있는 연결 고리가 풍부해질 때 창의성도 발달하는 것입니다.

미래 교육에서 강조하는 능력 중 하나가 창의력입니다. 그런데 인간의 창의성은 행복과 밀접하게 연관되어 있습니다. 감정이 불안정하면 자신을 보호하기 위한 방향으로 에너지가 사용되기 때문에 새로운 상상을 할 수가 없습니다. 감정이 안정되고 주변으로부터 충분히 지지받고 있다고 느낄 때, 새로운 주제로 상상할 수 있고 문제에 대한 대안도 생각할 수 있습니다.

창의력이란 새로운 것을 만들어 내는 능력, 즉 사회적으로 새로이 가치와 의미를 부여할 수 있는 재화를 생산하는 능력입니다. 눈으로 확인할 수 있는 재화뿐 아니라, 우리 삶을 개선하기 위해 적용할 수 있는 아이디어나 지혜로운 해결 방안을 생각해 내는 능력을 포함합니다. 훌륭한 예술 작품을 향해 감동을 담아서 "창의적이다"라고 표현하는 것만 봐도 알 수 있습니다. 삶의 새로운 가치를 발견하고 실행하는 능력을 통틀어 창의력이라 합니다.

창의력은 자신과 타인의 삶을 사랑하고 적극적으로 개입하려는 긍정적인 정서에서 발달합니다. 창의력은 일상적인 생활에서 변화와 아름다움을 느끼고 실현하게 하는 원동력입니다. 마음속에 부정적인 정서가 강해지면 자신과 주변 환경을 분석적이고 세심하게 살펴보는 능력이 발달합니다. 실수하거나 착각을 해서 불이익을 당하는 일이 없도록 긴장하기 때문에 눈앞의 과제에만 집중합니다. 이미 살펴본 것들도 다시 점검하고 검토하게 됩니다.

반면 긍정적인 정서가 강해지면 주변을 둘러볼 수 있는 여유가 생깁니다. 좁고 세밀하게 보기보다는 넓게 멀리 둘러보고, 눈앞의 이해관계를 떠나 더 큰 지도를 볼 수 있습니다. 물론 현상을 분석적이고 세심하게 살피는 것도 중요한 능력이지만 창의성과 연관해서는 조금 상반되는 부분이 있다고 하겠습니다.

미국의 심리학자인 웨인 W. 다이어(Wayne Walter Dyer)는 똑똑한 사람은 자신의 행복을 선택할 수 있는 사람이라고 했습니다.

> 지금 행복하다고 느낀다면, 그리고 소중하다고 생각하는 것을 위해 한순간 한순간을 살아가고 있다면 똑똑한 사람이다. 물론 지적 능력은 행복을 위한 유용한 보조 수단이다. 그러나 학교 성적이 그다지 좋지 않다고 해도 자신을 위해서 행복을 선택할 수 있다면 똑똑한 사람이다.•

창의력의 본질은 다른 사람과 소통하고 협력하면서 매 순간을 행복하게 살아가는 능력입니다.

✶ 창의력은 홀로 자라나지 않는다

우리는 '창의력'이라는 말에서 흔히 혼자 작업실이나 연구실에 틀어박혀 생각에 잠긴 천재의 이미지를 떠올리고는 합니다. 그러나 사실 창의력은 개인이 아니라 여러 사람이 협력하고 대화하는 과정에서 더 많이 발현됩니다.

• 『행복한 이기주의자』, 웨인 W. 다이어 지음, 오현정 옮김, 21세기북스, 2013. 6.

유명 카피라이터 박웅현은 인터뷰에서 "어떻게 창의적인 광고 카피를 만드는가?"라는 질문에 "협업의 결과"라고 답했습니다.• 다양한 사람들로 구성된 팀별 토론을 통해 서로의 아이디어를 연결 짓고, 그 과정에서 받은 아이디어를 바탕으로 생각에 생각을 거듭해 새로운 아이디어를 만들어 낸다는 것입니다.

서울의 혁신학교인 강명초등학교 수업을 참관할 기회가 있었습니다. 6학년 사회 시간이었고, 노동자의 권리에 대해 배우는 시간이었습니다.

교사는 『전태일 평전』 중 한 부분인 「1970년 열세 살 순이의 하루」라는 글을 읽었습니다. 이 책에서 순이는 열세 살의 노동자입니다. 초등학교를 졸업하자마자 언니를 따라 올라와 공장에서 일을 합니다. 먼지 때문에 기침을 하던 동료가 피를 토하고 회사를 나가는 모습을 기록하고, 하루를 일해 버는 돈이 1,500원이라는 점도 이야기합니다. 돈이 부족해 늘 배가 고프지만 배가 고파도 물을 많이 마실 수도 없습니다. 일하는 사람은 2,000명인데 화장실은 세 칸이기 때문입니다. 이런 내용의 텍스트를 공유한 다음 아이들과 질의응답 시간을 가졌습니다.

• 〈EBS 초대석〉, EBS 1, 2016.10.

질문 1 순이와 선생님의 공통점은 무엇인가요?

→ 여자다, 일한다, 일을 한다, 일하고 월급을 받아 산다, 착하다.

질문 2 선생님이 순이와 다른점은 무엇인가요?

→ 선생님은 쉬는 시간이 있다, 안정적이다, 일하는 데서 쉽게 쫓겨나지 않는다, 화장실이 더 많다.

질문 3 순이와 선생님의 차이를 줄이려면 무엇이 필요할까요?

→ 보살핌, 건강, 안전, 존중, 잠, 돈, 화장실, 밥을 먹는 식당.

질문 4 이렇게 순이와 같은 노동자들을 보호하고 권리를 지켜주기 위해서 어떤 일을 할 수 있을까요?

→ 순이를 위한 법을 만들면 된다.

아이들은 노동자를 위한 법을 만들자는 결론을 내리고, 그 다음에는 관심사에 따라 구체적으로 누구를 위한 법을 정할 것인지를 의논했습니다. 모둠 활동에 들어가자 교실에 활기가 돌았습니다. 이것은 아이들이 직접 만든 노동법입니다.

선생님을 위한 법	◆ 아이가 태어나면 휴가를 준다. ◆ 부상당하면 치료해 주고 완치할 때까지 휴가를 준다. ◆ 일하는 동안 맛있는 식사를 제공한다. ◆ 월급을 충분히 준다.

어린이와 청소년을 위한 법	◆ 밤늦게까지 일하면 안 된다.(키가 커야 하니까) ◆ 무거운 것을 들게하면 안 된다.(키가 커야 하니까) ◆ 밤늦게까지 학원을 다니며 너무 많이 공부하면 안 된다.(키카 커야 하니까) ◆ 정당한 돈을 주어야 한다.
연예인을 위한 법	◆ 노래나 연기를 못한다고 때리거나 놀리거나 욕을 하면 안 된다. ◆ 지나친 다이어트를 하면 안 된다. ◆ 연습생일 때도 돈을 줘야 한다. ◆ 어린이 연습생은 하루에 일정 시간 이상 연습하지 않는다.
모두를 위한 법	◆ 일정한 휴가를 주어야 한다. ◆ 식사를 주어야 한다. ◆ 해고를 하지 않는다. ◆ 임신을 하면 1년 동안 쉬게 해 준다. ◆ 회사가 돈을 많이 벌면 보너스를 준다.

조금 비현실적인 부분도 있지만 대체로 합리적이지 않습니까? 아직 일을 해 본 적도 없고 법에 대해서도 잘 모르는 아이들이 이만한 결론을 도출할 수 있었던 것은 여럿이 모여 자기 생각을 표현하고 다른 사람의 의견을 들으며 함께 구상했기 때문입니다. 새로운 질서와 제도를 만드는 연습 또한 창의성을 기르는 활동입니다.

과학자들도 협업과 대화를 통해서 문제를 해결합니다. 혼자서 휴식하고 생각하고 독서하는 시간도 물론 있지만 대체로 여러 학자들이 함께 모여서 공부하고 공동 연구 작업을 진행합니다. 백열등 아래서 매일 혼자 고민하고, 새로운 것을 만들기 위해서 홀로 연구실에서 고

군분투하는 과학자의 이미지는 더 이상 현대적인 과학의 표준이라고 보기 어렵습니다.

세부적이고 전문적인 부분을 연구하는 사람들은 종종 자신이 연구하는 부분적이고 좁은 세계에 매몰될 수도 있습니다. 세분화, 분업화가 점점 치밀해지는 현대 사회에서는 더욱 그렇습니다. 협업은 그래서 필요합니다. 다른 경험과 방향성을 가진 사람들이 모여 협력하는 과정에서 창의성의 기반이 만들어집니다. 혼자서는 미처 생각하지 못했던 문제점들을 발견하기도 하고, 새로운 모델이나 해결 방안을 찾기도 합니다. 자기 의견을 이야기하는 과정에서 아이디어가 떠오르기도 하고 다른 사람의 의견을 들으며 생각이 깊어지기도 합니다.

이런 창의성을 기르기 위해서는 다양한 심리적 안전 장치가 필요합니다. 시행착오가 경험으로 받아들여질 수 있는 사회적 분위기, 시간적인 여유, 충분한 휴식, 다양한 경험을 할 수 있는 기회 등이 그것입니다. 무엇보다도 자신의 생각에 대해서 이야기를 나누고 토론할 수 있는 시간과 장소가 필요합니다.

그동안 창의성에 대한 연구는 주로 개인의 심리적 측정을 통해 접근해 왔지만, 현재는 개인적인 능력이 아니라 협력의 결과 측면에서 보는 연구가 다양하게 이루어지고 있습니다.

바다에서 항해를 하다 보면 항해 전에 예상치 못했던 상황에 처할 수 있습니다. 폭풍우를 만나기도 하고, 예기치 않았던 돌발 상황이 발생하기도 합니다. 그럴 때 항해를 안전하게 이끌 구체적인 대응 방안은 기관사나 선장 등 한 사람의 판단에 의해서 나오지 않습니다. 각 분야에서 역할을 맡고 있는 전문가들이 모여서 문제점을 공유하고 대응 방안을 마련할 때, 위기의 원인을 알고 대처할 수 있는 방법도 제대로 모색하게 되는 것입니다.

교육의 변화

✶ 2030 교육 프로젝트

미래학자들은 2025~2030년을 주목합니다. 지금의 10대 청소년들이 20대 초중반이 되어 본격적으로 직업을 선택하고 성인으로 진입하는 시기입니다. 더불어 4차 산업혁명의 중심 기술이라 할 수 있는 인공지능과 사물 인터넷, 3D 프린팅, 기계 학습, 로봇 기술, 나노 기술, 유전학 및 바이오 기술이 융합하면서 복합적으로 발전하여 사회 전반적으로 적용되고, 일상적인 삶에 많은 영향을 줄 수 있는 시기이기도 합니다.

이때를 맞아 직업 전망만큼 중요하게 생각해야 할 부분이 있습니다. 사회가 빠르게 변하는 시기에는 그만큼 모든 것이 불확실하다는 것입니다. 앞서 코딩 교육의 함정에 대해서도 이야기했습니다. 지엽적인 기술 그 자체를 가르치는 방식으로는 빠르게 변화하는 시대를 오히려 따라잡기 힘듭니다. 새로운 기술은 계속해서 개발될 것인데 기초 교육만으로는 어차피 기술 발전의 속도를 바로바로 따라갈 수 없기 때문입니다.

지금 유망하다고 전망하는 특정 직업이 정말로 훗날 인기를 얻을 수 있을지는 아무도 보장할 수 없습니다. 때문에 불확실하고 복잡한 사회에서는 특정 기술이나 전문 지식보다는 새로운 시대를 살아가는 데 필요한 역량을 기르는 데 초점을 맞춰야 합니다. 기술이나 전문 지식은 구체적인 진로를 정할 때 배우기 시작해도 늦지 않습니다.

그렇다면 격변하는 사회에서는 아이들의 어떤 능력을 키워 줘야 할까요? OECD에서는 이러한 문제를 여러 나라의 다양한 전문가들과 함께 연구하였습니다. 미래 사회에서 행복하게 살기 위해 우리 아이들이 배워야 할 역량에 대하여 두 차례의 큰 연구를 진행했습니다.

첫 번째 연구는 '어떤 핵심 역량을 키워야 하는가'에 대한 연구로 1997년부터 2003년까지 진행되었습니다. 이 연구를 데세코(DeCeCo, Definition and Selection of Key Competences) 프로젝트라고 합니다. 이 프로젝트에서는 과학 기술이 빠른 속도로 발달하고 있다는 점, 과학 기술의 발달과 함께 정치 경제적인 환경도 빠르게 변화하고 있다는 점을 강조하고, 인간이 각기 다른 문화와 가치관이 다른 사회 공동체에서 살아갈지라도 행복하게 살아가기 위해 기본적으로 공유하는 이상적인 역량이 공통으로 존재한다는 결론을 내렸습니다. 또 인간이 행복하게 살아가기 위해서는 아래 표와 같은 능력이 중요하다고 발표했습니다.

세 가지 핵심 역량	아홉 가지 주요 능력
상호 교감하며 기술을 사용하는 능력	♦ 언어와 상징, 텍스트를 상호적으로 사용하는 능력 ♦ 지식, 정보와 상호 작용하는 능력 ♦ 기술을 상호적으로 이용할 수 있는 능력 ♦ 타인과 원만한 관계 맺기
이질적인 집단과 상호 작용하기	♦ 팀으로 일하며 협력하기 ♦ 갈등을 관리 및 해결하기
자율적으로 행동하기	♦ 전체적 조망 속에서 행동하기 ♦ 생애 계획을 수립하고 실천하기 ♦ 권리, 이익, 한계, 요구를 주장하고 지키기

사회가 복잡해지고 변화하는 시대일수록 서로 교감하고 협력하면서 해야 할 일이 늘어나기 때문입니다.

두 번째 연구는 2030 교육 프로젝트입니다. 이는 앞의 세 가지 역량을 어떤 방향에서 어떻게 교육할 것인지에 대한 연구입니다. 이 프로젝트에서는 데세코 프로젝트의 연구 결과를 바탕으로 또 다른 세 가지 핵심 역량을 제시하였습니다. 그 세 가지는 혁신, 회복 탄력성, 지속 가능성입니다.

- 혁신 : 새로운 가치를 창조할 수 있는 능력

- 회복 탄력성 : 긴장과 딜레마 상황에서 문제를 해결할 수 있는 능력
- 지속 가능성 : 사안을 비판적으로 사고하여 결정하고 책임질 수 있는 능력

이와 같이 두 번에 걸쳐 진행한 OECD의 미래 교육 역량에 대한 연구를 통해 우리는 인간이 가진 가장 중요한 특징이자 가능성을 확인할 수 있습니다. 바로 서로가 상호 의존적인 존재라는 사실, 서로를 돕기 위한 능력이 있다는 사실입니다. 현대 사회에서 어느새인가 무시당하고 있던 이 능력이 앞으로는 다시 중요해질 것입니다.

✶ 생각하는 힘을 기르는 교육

다른 사람들과 관계를 맺고 협력하기 위한 근본적인 능력은 다른 사람의 심리 현상에 대한 공감 능력입니다. 다른 사람과 공감하면서 관계를 맺고 협력하여 문제를 해결하는 능력은 과거에도 현재에도 중요한 과제이며, 앞으로 미래를 살아갈 우리 아이들에게 가장 중요한 핵심 역량이라고 할 수 있습니다.

기술사회 과학자인 자이넵 투페키(Zeynep Tufekci)는 "우리에게 필요한 것은 기술을 거부하거나 비난하는 것이 아니다. 문제는 우리와 기

계의 대립이 아니라 인간과 인간 사이에 존재한다. 우리가 어떻게 또 다른 가치를 만들어 낼 수 있을 지가 문제이다"•라고 말했습니다.

그는 유대감을 중요한 가치로 보고, 사람이 태어나면서부터 가지는 선천적 유대감과 타인과 만나고 교류하며 얻는 후천적 유대감으로 구분했습니다. 후천적 유대감은 상호 작용을 통해서 형성되며, 다른 사람에게 신뢰감을 주고 인간관계를 풍부하게 맺을 수 있는 능력입니다. 후천적 유대감은 한 사람과의 깊이 있는 교류, 다양한 사람들과의 토론과 대화, 문화적 교류를 통해서 강화될 수 있습니다.

후천적 유대감을 기르는 것은 중요한 교육적 과제입니다. 학교에서 체육 대회나 수학여행, 체험 학습 등을 진행하는 것은 모두 이 후천적 유대감을 기르기 위해서입니다. 앞으로 삶의 질은 과학 기술을 활용해 사람들이 어떻게 유대감을 발달시킬 것인가에 의해 좌우될 것이기 때문입니다.

최근에는 이런 측면을 강화하기 위해 여러 교과를 담당하는 교사들이 협력하여 한 가지 주제에 대해 가르치는 통합 교육을 하기도 합니다. 예를 들어서 3.1 독립운동을 주제로 공부한다면, 역사 시간에는 운동이 일어나게 된 역사적 흐름을 중심으로 공부하고, 사회 시간에는 운동과 사회 구성원들의 역할에 대하여 배웁니다. 국어 시간에는 운

• 「The Machines Are Coming」, 자이넵 투페키, Newyork Times 2015. 4. 18. (저자 역)

동을 다룬 소설을 읽고 감상문을 쓰며, 음악 시간에는 당시에 알려졌던 노래를 감상하는 방식으로 서로 연결하여 교육 과정을 재구성해 가르치는 것입니다. 이렇게 한 가지 주제를 중심으로 여러 교과가 협력하여 수업을 진행하면 학생들은 깊고 풍부하게 배우고 많은 생각들을 하게 됩니다.

이런 통합 교육을 통해 키우고자 하는 역량은 바로 '생각하는 힘'입니다. 사건과 사건을 연결하여 생각해 보고 서로 정답을 고집하지 않고 대화할 때 생각하는 힘이 커집니다. 학생들의 수업에서도 어떤 능력을 키울 것인가에 따라서 수업의 내용과 방법이 달라집니다. 역사와 음악과 문학 등 다양한 분야를 아우르는 이유는 여러 가지 관점으로 사안을 보는 연습을 하기 위해서입니다.

아래의 자료는 내가 학부모 연수에서 자주 사용하는 자료입니다. 학생들과 수업을 할 때도 사용합니다. 정답이 여러 가지가 있을 수 있는 이러한 수업을 통해서 학생들의 생각이 매우 풍부하다는 것을 살펴볼 수 있습니다.

활동 **다음 자료를 읽고 새의 입장에서 생각해 봅시다.**

노벨문학상을 받은 시인이자 교육자였던 인도의 타고르(Rabindranath Tagore, 1861~1941)는 획일적인 교육의 문제점을 설명할 때 〈앵무새 길들이기〉라는 인도의 옛날이야기를 예로 들었습니다. 그 내용을 한번 살펴봅시다.

옛날 어느 왕국에 아름답게 노래 부르는 새가 있었습니다. 새는 노래만 할 수 있을 뿐, 경전을 외우지 못했습니다. 왕은 신하들에게 일러 새에게 경전을 가르치도록 했습니다. 신하들은 토론 끝에 새가 초라한 집에 살기 때문에 경전을 외우지 못한다는 결론을 내렸습니다. 신하들은 멋진 황금 새장을 만들었고, 학자들은 수많은 교재를 만들었습니다. 새는 황금 새장으로 집을 옮겼고 매일 학자들을 따라 경전을 읽었습니다.
어느 날, 왕은 학자들이 새를 잘 가르치고 있는지 보려고 새장이 있는 곳으로 찾아갔습니다. 왕과 신하들은 서로 인사와 칭찬을 나누느라 잠시 새에 대한 일을 잊어버렸습니다. 그러던 중 한 사람이 왕에게 물었습니다.
"전하! 새가 이제 경전을 외웁니까?"
왕은 신하들에게 새가 경전을 외우게 하도록 지시했습니다. 그러나 새는 매일 경전을 따라 읽다 보니 목이 쉬고 몸도 약해졌습니다. 신하가 새장 문을 여는 순간 창문으로 햇살이 한줄기 비쳐들었습니다. 새는 행복을 느끼고 잠시 날개를 퍼덕거렸습니다. 깜짝 놀란 신하가 새를 서둘러 꺼냈으나 새는 이미 죽어 있었습니다.
새에게 가장 필요했던 것은 황금 새장도, 위대한 학자의 가르침도 아니었습니다. 오직 (　)였습니다.

(　) 안에 들어가기에 적합한 말들을 생각해 봅시다.

괄호에 들어갈 답으로 여러 의견들이 나옵니다. 자유, 사랑, 관심, 친구, 햇살, 날갯짓…….

인상 깊은 의견은 '새에게 물어보는 것'이 필요했다는 의견이었습니다. 이 자료는 획일적인 교육의 문제점을 이야기하기 위한 자료인데, 학생들은 새의 입장에서 소통하는 것에 대한 필요성을 정확하게 제기했습니다.

왕과 신하들은 그들의 기준에서는 새에게 최선을 다했습니다. 황금 새장도 지어 주고 훌륭한 학자들을 불러서 공부도 시켰습니다. 그러나 새의 의견은 묻지 않았습니다. 새에게 무엇이 필요한지를 일방적으로 결정해 제공했기 때문에 새에게 아무런 도움이 되지 못했고, 결국 새는 죽었다는 것입니다.

학생들은 자신의 입장에서 굉장히 선명한 눈으로 이 이야기를 읽었습니다. 선의를 품고 잘 대해 준다고 해도 상대방의 의견을 묻지 않고 일방적인 행동을 지속한다는 것은 폭력이 될 수도 있다는 점을 파악하고 있는 것입니다.

처음 제가 이 짧은 동화를 교재를 수업의 주요 자료로 선택한 것은 매우 소박한 마음이었습니다. 획일적인 교육 제도의 문제점을 토론할 수 있는 계기 수업의 교재를 찾다가 발견한 자료였습니다. 그런데 학생들은 저에게 단순히 교육 제도의 문제점을 넘어선 삶의 전반적인 태도와 철학을 일깨워 주었습니다. "새에게 물어 보았어야 한다"는 답은 아주 파격적이고 멋진 의견이었습니다. 획일화의 문제점이라는 영역을 소통이라는 범위로 확대하고 있는 것입니다.

원문의 괄호 부분에는 '자유'라는 단어가 쓰여 있습니다. 그러나 자유만이 정답이고 다른 모든 것이 틀렸다고 할 수 없다는 점을 함께 배우는 것이 생각하는 힘을 기르는 교육 활동입니다.

수업을 통해 학생들은 교사의 생각과 친구들의 생각을 만나고, 교재를 탐색하면서 교재와 깊게 만납니다. 그리고 그 과정을 통해 자기 자신과 만납니다. 생각한 것들을 자신의 삶과 연결하고, 친구들과 의견을 나누면서 사고력을 한층 더 튼튼하게 기릅니다. 교사는 전체적인 의견 교환을 살피면서 필요한 학생에게는 좀 더 구체적인 도움을 줄 수도 있고, 학생들 간의 소통이 더 원활해지도록 서로를 이어 줄 수 있습니다.

교사의 말을 조용히 잘 듣는 것이 학생의 역할이던 시절은 그리 오래 전이 아닙니다. 교사는 중요하다고 선정한 지식들을 한 시간 동안 설명하고, 학생은 밑줄 그으며 강조하는 것을 받아쓰고 암기해 시험을 잘 보면 공부를 잘한다는 평가를 받았습니다.

자신이 중요하다고 생각하는 문제를 고민하고 답을 찾기보다는 외부에서 정답이라고 주어진 것을 잘 기억하고 맞추는 것이 더 중요했습니다. 그러나 이제는 정해진 정답을 외우는 공부가 아니라 스스로 자료를 읽고 분석하고, 자기 생각을 표현하고, 타인의 의견을 들으면서 생각하는 힘을 기르는 것이 가장 중요한 공부입니다. 반복 학습으로 지식을 암기하는 것, 저장한 지식을 필요할 때 빠르게 꺼내는 일은 인간이 아니라 기계가 하는 세상이 되었기 때문입니다.

우리 아이들은 방대한 지식을 빠르게 저장하고 정교하게 검색할 수 있는 컴퓨터 시대에 살고 있습니다. 앞으로 인지 자동화 시스템은 더욱 발달할 것이고, 기계를 사용하여 일을 처리하는 방법을 배울 것입니다.

때문에 앞으로 가장 중요한 것은 기계가 할 수 없는 일, 기계가 가지지 못한 능력을 키우는 것입니다. 이제까지 인간이 해왔던 많은 일들을 기계가 대신하는 시대, 그럴 때일수록 인간만이 할 수 있는 일, 인간만의 능력이 더 중요해집니다. 앞으로 어른들이 키워줘야 할 능력은 이 '사람만의 힘'입니다.

✶ 직업 탐색과 진로 탐색은 다르다

자유학기제는 중학교 한 학기 동안 중간·기말고사를 보지 않는 대신 실습 수업이나 직장 체험 활동과 같은 진로 교육을 받는 제도입니다. 자신이 관심 있고 좋아하는 것이 무엇인지를 찾아보고 미래를 탐색해 볼 수 있도록 한 것입니다.

다양한 협업 과정을 배울 수 있는 자유학기제는 학생들에게 큰 호응을 얻었고, 이런 호응에 힘입어 자유학기제는 1학기가 아니라 1년 과정인 자유학년제로 확장되었습니다. 그러나 아이들의 열광과 달리 부모들이 자유학기제, 자유학년제를 보는 시선은 불안을 떨치지 못합니다. 학과 공부를 해야 할 시간에 '딴 짓'을 하고 있는 것이 아닌가 하는 염려를 하기 때문입니다.

진로 탐색과 직업 탐색은 다릅니다. 직업 탐색은 세상에 어떤 직업이 있는지 살펴보고, 특정한 직업을 갖기 위해 어떤 능력이 필요한지를 알아보는 것입니다. 반면 진로 탐색은 아이들이 앞으로 살아가며 부딪힐 다양한 문제를 미리 체험하고 해결하며 삶 그 자체를 경험해 보는 과정입니다. 내가 무엇을 좋아하는지, 어떤 활동을 해야 앞으로 나 자신에게 어울리는 인생을 살아갈 수 있는지 탐구하는 것입니다.

자유학년제에서 학생들이 배우는 것은 차후에 가질 직업과 관련이 없을 수도 있습니다. 그러나 해 보기 전에는 알 수 없고, 이때 하는 경험이 삶의 전반적인 부분에 연관되기 때문에 체험해 보는 것입니다.

아이들은 축구 동아리에 들어가는 이유를 "축구를 좋아하기 때문"이라고 답하는 반면 부모는 아이가 축구 선수로 성공할 가능성이 있는지의 여부부터 계산할 때가 많습니다. 아이가 다양한 취미 활동을 경험해 보고 싶어 하는 이유는 그것을 직업으로 삼기 위해서가 아니라 관심 분야를 부담 없이 체험해 보며 지속 가능한 삶을 찾아 나서기 위해서입니다. 이것이 진로 탐색의 특징입니다.

미래 사회는 수명이 늘어나고, 사회 변화가 빠르기 때문에 한 사람이 일생 동안 한 가지 일만 하는 경우가 대폭 줄어들 것입니다. 한 사람이 살아가며 여러 가지 일을 하게 될 가능성이 높습니다. 따라서 어떤 특정 직업에 필요한 기능이나 지식을 반복 학습하기보다는 자신이 흥미를 느끼고 잘할 수 있는 일을 찾아 관련 역량을 키우고 서로를 연결해 가는 것이 중요합니다.

인간의 시대에 필요한 세 가지 힘

사람의 첫 번째 힘, 공감 능력

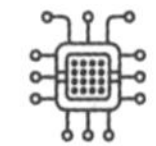

✶ 인류 발전의 원동력

기계와 인간의 가장 큰 차이는 무엇일까요? 이 질문을 학생들에게 직접 해보았습니다.

> "기계는 만들어졌을 때의 크기가 그대로 유지되지만 사람은 키가 크고 생각도 커집니다."
>
> "기계는 감정을 느끼지 않고, 인간은 감정을 느낍니다."
>
> "인간은 울 수 있습니다. 인간은 기쁠 때도 울고, 슬플 때도 울고, 화가 나거나 답답할 때도 눈물이 나옵니다. 기계는 그런 여러 가지 감정에서 나오는 울음을 보여 주지는 않을 것 같습니다."

"기계는 무슨 일을 할 것인지 미리 알 수 있고, 인간은 어떤 행동을 할 지 알 수가 없습니다. 기계는 정해진 프로그램에 따라 움직이기 때문에 프로그램을 이해하면 다음에 어떤 행동을 할지 알 수 있지만, 인간은 기분과 다른 사람의 반응, 환경이라는 조건에 따라 계속 변하기 때문에 행동을 예측하는 것이 쉽지 않습니다."

중학생들이 말하고 있는 기계와 인간의 가장 큰 차이점은 한마디로 '변화'입니다. 인간은 살아 있는 생명체이기 때문에 생각이 변하면 행동도 달라지고, 외부 환경의 영향에 따라서도 변합니다. 인간은 변화하는 생명체이며, 몸과 마음이 계속 달라질 수 있습니다.

이런 변화를 이끄는 것이 다른 사람과의 상호 작용입니다. 사람은 끊임없이 새로운 관계를 만들고 그러한 관계를 통해서 변화하며 성장합니다. 정체되어 있다는 느낌이 들 때 새로운 사람을 만나거나 새로운 것을 배우고 싶다는 욕구가 생기는 것도 그 때문입니다. 따라서 변화하기 위해서는 의사소통 능력이 필요합니다.

4차 산업혁명과 교육에 대한 시도 교육청별 심포지엄에서 모든 참가자들의 원고와 토론에서 빠짐없이 등장한 핵심어가 '공감'이었습니다. 공감 능력은 변화를 이끌어 내는 힘입니다. 다른 사람의 입장이 되어 그 사람의 감정을 느끼는 대담한 상상력입니다. 같은 풍경을 보더라도 서 있는 위치에 따라 다른 풍경으로 보입니다. 입장이 바뀌면 생각할 문제에 대한 감정과 방향도 달라질 수 있습니다.

공감 능력은 변화와 행동의 동기입니다. 한국의 긴 역사에서도 특출난 천재로 손꼽히는 세종대왕의 천재성은 공감 능력에서 나온 것입니다. 그가 한글을 만든 이유는 '나랏말이 중국과 달라' 백성들이 고통받는 것을 안타깝게 여겼기 때문입니다. 그는 왕임에도 노비의 입장에서 생각할 수 있었기에 노비의 출산 휴가를 만들었고, 배고픔을 알 리 없을 텐데도 세자 시절부터 굶주리는 사람들을 보며 안타까워했다고 하니 그의 가장 큰 재능은 바로 공감 능력이었던 것입니다. 역사에 족적을 남긴 정치가, 과학자, 철학가, 예술가……. 이들의 공통된 특징이 있다면 공감 능력이 뛰어나다는 것입니다.

우리는 공감을 통해서 다른 사람의 슬픔을 내 일처럼 느끼고 위로할 수 있습니다. 함께 기뻐하고 즐거움을 나눌 수 있습니다. 상대방이 잘못을 저지르거나 실수를 했을 때에도 연민을 느끼고 도움을 베풀고 동료가 되어 줄 수 있습니다. 나와 전혀 다른 의견을 제시하며 논쟁을 하는 경우에도 그의 입장과 상황을 이해하려고 노력하며 새로운 대안을 만들어 갈 수 있습니다. 타인의 편의와 행복을 위해 나의 능력을 발휘하여 문제점을 개선할 수도 있습니다.

공감은 공동의 행복을 위해 행동할 수 있는 실천을 만들어 내는 원동력입니다. 인류는 이제까지 공감 능력을 바탕으로 발전해 왔다고 해도 과언이 아닙니다. 과거에는 인간을 진화하도록 이끄는 힘이었다면, 지금부터는 다가올 여러 가지 문제들을 해결하고 행동을 이끌어 내는 힘이 될 것입니다.

✶ 공감이란 무엇인가?

공감이란 다른 사람의 상황, 기분, 감정을 그 사람의 입장이 되어 느끼는 심리적 동조 방식입니다. 이 말이 강조된 지도 오래되었습니다. 그러나 이 단어는 여전히 우리에게 추상적으로 느껴집니다. 좀 더 생생한 느낌으로 다가가기 위해서 교육학자 야누쉬 코르착(Janusz Korczak)의 말을 인용해, 활동과 대화를 위한 수업을 진행했습니다.

야누쉬 코르착은 의사이다가 교육자가 된 사람입니다. 그는 유대인 고아 어린이들을 돌보았으며 아우슈비츠 수용소에 끌려가는 아이들의 손을 끝까지 놓지 않았습니다. 자신은 유대인이 아니었기 때문에 마음만 먹으면 죽음을 피할 수 있었지만 자발적으로 아이들과 운명을 함께했습니다.

야누쉬 코르착은 "모든 사람의 눈물은 짜다. 이것을 이해하는 사람은 교사가 될 수 있다"라는 말을 남겼습니다. 이 말을 바탕으로 '공감하는 사람'에 대한 학생들의 생각을 살펴보았습니다. 제시된 주제와 학생들의 답변은 다음과 같았습니다.

활동 **다음 ( )에 적합한 말을 넣고 그 이유를 자세히 설명해 보자.**

모든 사람의 눈물은 짜다.
이것을 알고 있는 사람은 (　　)이(가) 될 수 있다. 왜냐하면~

친구 마음을 알아 주니까 편하다. 힘들고 어려울 때 친구에게 말하면 같이 웃어 주고 안타까워해 줘서 고맙고 힘이 된다.

어른(진짜 사람, 성인) 경험이 많기 때문에 다른 사람의 마음을 이해하고 배려해 줄 수 있다.

선생님 차별당하는 사람이 얼마나 억울한지에 대해서 알고 있는 선생님이라면 학생도 차별하지 않고 공평하게 대해 줄 것이기 때문이다.

부모 부모님 입장에서만 생각하지 않고 아이 입장에서도 생각하면서 격려해 줄 수 있다.

판사 여러 사람들의 말을 듣고 진실한 사람이 흘리는 눈물의 의미를 판단할 수 있으면 공정한 판결을 할 수 있다.

위대한 사람 여러 사람을 편하고 행복하게 해 준다. 여러 사람의 마음을 알고 문제를 해결해 주는 사람은 위대한 사람이다.

잘못을 뉘우치는 사람, 배려하는 사람 상대방이 괴로워하고 힘들어하는 모습을 보고 느끼는 점이 있으면 잘못을 뉘우치고 배려할 수 있기 때문이다.

용감한 사람 눈물을 인정하면 용기가 생긴다. 사람은 알고 보면 마음이 약하다. 약한 사람이 눈물을 흘리는 것을 보면 자기 마음도 약해진다. 자신도 약하고 눈물을 흘릴 수 있다는 것을 인정하면 용기가 생긴다.

나누는 사람 배려할 수 있다. 다른 사람의 말을 들어 준다.

대통령 다양한 정책을 통해 어려운 일을 겪고 있는 사람들의 문제를 해결해 줄 수 있다.

답변 내용을 통해 크게 두 가지를 파악할 수 있습니다. 첫 번째, 학생들은 "모든 사람의 눈물은 짜다"라는 말이 인간의 공감 능력을 비유하기 위해 꺼낸 말임을 알고 있습니다.

물론 '짜다'라는 단어에 집중해서 "소금 장수가 될 수 있다"거나 "음식 맛을 잘 식별하는 훌륭한 요리사가 될 수 있다"라는 답변을 하는 학생이 한두 명 나오기도 합니다. 그러나 대부분의 학생들은 '눈물이 짜다는 것을 알고 있는 사람'이 곧 공감 능력이 높은 사람을 뜻한다는 것을 별다른 설명 없이도 곧바로 이해했습니다.

청소년 시기는 신체적으로나 지적으로 성장하고 발달하는 시기이면서 동시에 감정이 풍부해지는 시기입니다. 다른 사람의 슬픔이나 기쁨, 아픔에 대하여 공감할 줄 알고, 그 내용을 바탕으로 문제를 해결하기 위해 노력하고 행동으로 연결하는 능력이 발달하는 시기입니다. 때문에 어른들보다도 오히려 더 직관적으로 이런 문장을 이해할 수 있습니다.

두 번째, 학생들은 사람과 사람 사이에서 공감이 어떤 역할을 하고 있는지 정확히 이해하고 있습니다. 공감 능력이 있어야 타인을 도울 수 있다는 것, 그것이 사회의 테두리 안에서 살아가는 사람들이 가져야 할 능력이라는 사실을 인식하고 있습니다.

공감 능력이란 소수의 사람들이 가질 수 있는 특수한 능력이 아닙니다. 살아가며 누군가의 친구가 되고, 부모가 되고, 선생님이 되고, 각종 직업에 따른 역할을 충실히 해 나가게 하는 능력입니다.

심오한 답변도 있었습니다. '어른'이 될 수 있다는 답을 보면 어떤 생각이 드십니까? 이 학생은 어른의 의미를 '진짜 사람'이라고 풀이하며 강조했습니다. 아이들이 생각하는 완성된 인간의 상은 타인의 아픔에 공감하고, 공평하고 정의로우며, 적극적으로 약자의 눈물을 닦아 주는 사람입니다. 공감할 수 있어야 어른이 될 수 있다는 점을 강조하고 있습니다.

✶ 모든 일에 필요한 기본 능력

나는 겁이 많은 편입니다. 특히 치과에 갈 때면 무척 겁이 나고 주눅이 듭니다. 의사에게 "이 정도 될 때까지 왜 치료를 안 하고 방치했습니까?" 라는 책망을 들으면 부끄럽고 민망해 치료를 중단하고 싶을 정도입니다.

반면에 친절한 목소리로 "많이 아프셨겠군요.", "치료 중에 조금 아플 수 있습니다. 많이 아프시면 손을 들어 주세요"라고 안내해 주는 의사와 간호사에게 치료를 받으면 마음이 편안합니다. 거리가 멀어도 그 병원에 일부러 찾아가서 치료를 받고 다른 사람에게도 적극 추천합니다.

우리는 나의 고통에 공감해 주는 상대방에게 인간적인 유대감을 품습니다. 내게 공감해 주는 사람에게 더 큰 신뢰감을 느끼며, 두려움을 이겨 내고 더 적극적으로 협력합니다.

환자가 의료 활동 과정에서 의사로부터 공감을 받았을 때 치료 효과가 높아진다는 실험 결과도 있습니다. 미국의 제퍼슨 의과 대학에서는 연극 배우들을 초청하여 예비 의사들에게 공감을 가르치기 위한 교육과정으로 JSPE(Jefferson Scale of Phsician Empathy)를 개설했습니다. 이 강좌는 상대방을 염려하고 있다는 마음을 더 잘 표현하고 전달하기 위해 연극적 기술을 활용하여 사람의 표정과 억양, 몸짓 언어를 예비 의사들에게 교육하는 프로그램입니다.

JSPE가 생긴 지 얼마 되지 않아 흥미로운 결과가 나타났다고 합니다. 공감 능력 테스트에서 받는 점수와 의료 활동의 성과가 밀접한 상관 관계를 나타낸 것입니다. 의료 시설이나 약품 처방 등 모든 조건이 같을 경우, 환자에게 더 높은 공감 반응을 보인 의사에게 치료받은 환자들이 공감을 받지 못한 환자들보다 빠른 회복 속도를 보였습니다.

몇 년 전, 남편이 일하다가 다리를 많이 다쳐 치료를 받은 적이 있습니다. 기본적인 치료가 마무리 되고, 우리 가족들은 다리를 깁스한 그를 휠체어에 태우고 병원 근처 공원을 산책한 후, 식당을 찾았습니다.

그때 우리에게 식당은 두 가지 종류로 구분되어 보였습니다. 식당 입구를 경사면으로 디자인한 식당과 계단식으로 디자인한 식당으로 말입니다. 휠체어가 올라갈 수 있도록 식당 입구를 경사면으로 디자인한 식당 앞에서는 '배려받는다'고 느꼈고, 계단식으로 디자인한 식당 앞에서는 '배척받는다'고 느꼈습니다. 상대방에 대한 공감 능력으로 나타나는 배려는 이렇게 생활의 여러 부분에서 뜻밖의 모습으로 발견되기도 합니다.

공감하는 사람의 마음은 다른 사람을 향해 열려 있습니다. 의논하고 경청하기 때문에 상대방이 원하는 것이 무엇인지를 쉽게 깨닫고, 상대방의 생각과 자신의 생각을 연결하여 새로운 방안을 만들어 내는 능력이 뛰어납니다.

학생들과 면담을 하거나 수업을 할 때도 교사의 입장에서만 생각하면 혼내고 통제해야 할 일들 투성이지만, 학생의 이야기를 들어 보고 아이의 입장에서 생각해 보면 달라집니다. 당장 눈앞의 문제가 아니라 아이가 처해 있는 상황과 문제를 해결하기 위해 우선 처리해야 할 근본 원인이 보입니다. 교사, 학생, 학부모가 협력을 통해 치유하고 해결해야 할 문제가 무엇인지 파악하기 위해서는 상대방에 대한 공감 능력을 키워 나가야 합니다.

어느 일을 할 때든 공감 능력은 문제 해결과 효율적인 업무 처리를 위해 필요합니다. 요즘은 회사들이 수직 구조에서 수평 구조로 점차 변하면서 팀별 협업 능력이 강조되고 있습니다. 아직 이상과 현실의 괴리가 존재하고 있지만 많은 기업들이 공감 능력을 기반으로 한 협업의 필요성을 느끼고 있으며 앞으로 점점 더 협동적 경영 방식을 채

택하게 될 것입니다.

사회 심리학자 다니엘 골먼(Daniel Goleman)은 '공감은 모든 직장 생활에서 가져야 할 중요한 핵심 요소'라고 강조하고, 21세기형 경제에서의 협동적 경영방식을 말할 때 역시 필수적인 요소라고 설명하며 이렇게 말했습니다.

> 공감 능력이 있는 사람은 고객과 하급자가 원하는 것을 간파하고 충족시키는 능력이 탁월하다. (……) 공감 능력이 있는 사람들은 상대방의 말을 귀담아 듣고 상대방이 진정으로 관심을 갖는 것을 찾아내고 상대방의 의도에 정확히 반응한다. (……) 글로벌 경제가 성장하는 과정에서 다양한 동료들과 원만하게 지내고 다른 문화에서 온 사람들과 사업을 하는 데 있어서 가장 중요한 능력은 공감 능력이다.•

공감 능력이 풍부한 사람은 다른 사람과의 연대감이 높기 때문에 불안을 덜 느끼고 일과 삶에 대한 만족도도 더 높습니다. 불안함이 적기 때문에 일을 처리하는 과정에 있어서도 전체를 파악하는 여유가

• Primal Leadership – Realizing the Power of Emotional Intelligence, 다니엘 골먼, 애니 맥키(Annie McKee), 리처드 보이애치스(Richard E. Boyatzis), Harvard Business School Pr, 2002. 3, (저자 역)

생기며, 매사에 더 즐겁게 적극적으로 활동할 수 있습니다.

✶ 리더의 자격이 바뀐다

인류는 공감 능력이 있기 때문에 더 발전하고 진화할 수 있었습니다. 이는 문명이 발달할수록 인간의 공감 능력이 중요해진다는 의미입니다. 따라서 공감 능력은 현대 사회 공동체의 리더가 가져야할 필수적인 자질이기도 합니다.

정치가들이 선거철만 되면 시장에 가서 떡볶이나 어묵을 먹거나 경제적으로 어려운 가정을 방문해 연탄을 나르는 모습 등을 보여 주는 이유는 자신이 공감 능력이 뛰어난 리더임을 보여 주기 위해서입니다. 국민들에 대한 공감 능력이 있기 때문에 그들이 살기 좋은 사회를 만들 수 있다는 이미지를 표현하고 전달하는 것입니다.

공감 능력이 리더의 자질임을 사실을 우리도 이미 알고는 있습니다. '공감'이라는 말에서 감정적인 측면만을 떠올리는 경우가 많지만 우리는 공감 능력이 낮은 사람이 지도자나 리더가 되었을 때 어떤 부작용이 발생하는지 여러 번 경험했습니다.

큰 재난이 발생해도 그 심각성이나 피해자의 심정에 공감하지 못하는 리더는 기민한 대처를 하지 못합니다. 다른 사람들의 입장을 상상하지 못하니 사회적 영향력에 대한 감각이 없고, 일의 우선순위를 정하지 못하는 등 효율적인 방식으로 일을 이끌어 나가지 못합니다. 이처럼 공감 능력은 결국 업무 능력 자체를 판가름 짓는 요소입니다.

정보가 제한된 사회에서는 언론을 통해 일시적인 장면으로 공감 능력도 조작할 수 있었습니다. 그러나 인터넷을 바탕으로 정보가 수시로 공유되고 의사소통이 활발히 이루어지는 개방적인 사회에서는 이런 조작이 쉽지 않습니다. 한 사람이 살아오면서 했던 말과 행동은 쉽게 수집·공개되고 많은 사람들이 구체적으로 살펴볼 수 있습니다. 지나치게 정보가 많고 가짜 정보도 적지 않게 섞여 있어 참과 거짓을 구분하기 힘들긴 하지만, 정보를 아예 세상으로부터 은폐하기는 예전보다 현저히 어려워졌습니다.

세상이 복잡해질수록 매뉴얼만으로는 대처할 수 없는 여러 변화와 돌발 상황들이 벌어집니다. 이때 공감 능력이 부족한 사람은 집단을 순발력 있게 이끌기 어렵습니다. 리더는 집단이 나아갈 방향을 정하는 사람입니다. 여러 사람이 행복할 수 있도록 목표를 세우고 방향을 결정하기 위해서는 다른 사람의 말을 경청하고 새로운 가치를 받아들이는 능력이 필요합니다. 우리가 살아갈 새 시대는 매일 가까이 다가오고 있습니다. 새 가치를 받아들이는 것은 더 이상 취향이나 선택의 문제가 아닙니다. 삶을 유지하기 위한 필수적 능력입니다.

다가올 시대, 리더의 역할은 의사소통의 연결 고리입니다. 더 많은 사람들이 자신의 의견을 말하고 제도를 만들어 갈 수 있도록 기회를 열어 주는 사람입니다. 이것이 새로운 시대에 리더가 될 수 있는 사람이며, 리더를 키워 내는 교육 역시 이에 맞게 변해야 합니다.

사람의 두 번째 힘, 회복 탄력성

✶ 인간 내면의 치유력

회복 탄력성은 인간 내면의 힘입니다. 우리 몸에는 상처를 치유하고 건강을 회복하려고 노력하는 치유력과 면역력이 있습니다. 마음도 같습니다. 실수나 실패를 맛보거나, 누군가의 악의나 외부적 요소로 마음을 다쳤을 때 사람의 내면은 회복을 위해 애씁니다. 이 치유력은 자책, 원망, 분노를 넘어서 한 번 실패했던 일에 용감하게 도전하게 만드는 원동력입니다. 회복 탄력성이란 사람이 크고 작은 좌절에 빠졌다가도 그것을 도약의 발판 삼아 포기하지 않고 앞으로 나아가는 능력을 말합니다.

아이들은 어른에 비해 신체 치유력만큼 내면의 치유력인 회복 탄력성도 높습니다. 부모가 아이를 혼내고 난 뒤 돌아서서 미안하다는 생각이 들기도 전에 아이는 철없이 웃으며 부모의 품속으로 뛰어듭니다. 사람에게는 바로 이러한 회복 탄력성이 있기 때문에 실패해도 다시 용기를 내어 살아갑니다.

회복 탄력성의 성장은 자기 자신에 대한 긍정적인 관점을 가지는 데서 시작됩니다. 자신에 대한 신뢰감은 성장 과정에서 만나는 부모, 교사, 형제자매 등 가까운 사람이 주는 믿음을 통해 자랍니다. 특히 부모에게서 받는 애정과 긍정적인 메시지는 회복 탄력성의 형성에 아주 큰 영향을 미칩니다. 한 지역 교육청에서 학부모 연수를 할 때 이런 질문을 받았습니다.

"선생님은 긍정의 신으로 소문이 났던데요. 어떻게 해야 그럴 수 있나요?"

나는 어린 시절에 농촌에서 살았습니다. 우리 엄마는 집안일과 농사일로 무척 바빴습니다. 거기에 형제가 아홉입니다. 집안에 크고 작은 말썽이 일어날 수밖에 없었습니다.

나도 은근히 말썽을 부리는 편이었습니다. 한 번은 가지 말라는 숲에 가서 밤을 줍다가 대나무에 발이 찔려 동네 어른에게 업혀 온 적도 있었는데, 엄마는 눈치를 보는 나를 내려 안아 주며 "크게 다치지 않아서 다행이다"라고 말했습니다. 시렁에 올려 놓은 조청을 꺼내 먹으려다가 조청 단지와 함께 쓰러져 온 방 안이 조청 바다가 되던 날도 엄마는 "조청은 없어도 괜찮다. 안 다쳐서 다행이다"라고만 했습니다.

많은 사람들처럼 나 역시 어린 시절 사고를 칠 때면 아프거나 다치는 것보다 부모님에게 혼이 날 것이 가장 걱정되었습니다. 미움받을까 봐 전전긍긍하는 나에게 엄마는 '세상에서 가장 중요한 것은 바로 너'라는 점을 정확하게 인지시켜 주었습니다. 자라면서 시험 점수가 잘 나오지 않거나 당락이 정해진 시험에 실패했을 때도 마찬가지였습니다. "이미 엎질러진 물은 주워 담을 수 없으니 다음부터 잘하면 된다", "지나간 일은 잊어라. 앞으로 어떻게 할 것인지를 생각해라"라고만 했습니다.

그걸로 끝이었습니다. 자신이 얼마나 걱정을 하는지, 얼마나 마음이 아픈지에 대한 감정 토로를 하지 않았습니다. 그래도 나는 잘못을 저질렀을 때 엄마가 걱정을 할까 봐 늘 미안했고 더 잘하고 싶다는 마음도 먹었습니다.

내가 교사로 살다가 전국교직원노동조합을 결성했다는 이유로 1989년, 스물아홉 살의 나이에 해직되었을 때 엄마가 건넨 말은 내가 한평생 어떤 교사로 살아야 하는지를 알려주는 이정표가 되었습니다. 해직이 된 뒤 제일 먼저 찾아간 고향집에서 엄마는 내 손을 잡으면서 말했습니다.

"우리 딸이 교사를 못하면 나라가 손해지. 젊은 애가 밥 못 먹고 살겠냐?"

엄마에게 이런 엄청난 신뢰를 받고 잠자리에 들며 나는 '학생을 사랑하는 교사가 되기 위해 노력하지 않을 도리가 없다'라고 생각했습니다.

나는 해직된 지 5년째 되던 해에 복직을 했고, 결혼도 하고 엄마가 되었습니다. 내가 부모가 되고 나서 깨달았습니다. 아이가 넘어질 때마다 아이를 책망하지 않고 일어설 때까지 기다린다는 것은 쉽지 않다는 사실을. 사람에 대한 인내는 인간 자체에 대한 믿음에서 나온다는 사실도 알게 되었습니다.

아이들이 자라는 동안 여러 가지 일들을 겪으며, 엄마가 키워 준 나의 회복 탄력성은 내면에서 새로운 방향으로 변화했습니다. '내 아이들의 마음을 돌보고 성장시키고, 아이들이 살아갈 세상을 더 좋은 세상으로 만들기 위해서 노력하는 어른이 되고 싶다'는 꿈을 가지게 된 것입니다.

성장통을 겪는 아이를 앞에 두고 힘들어 할 부모들에게 말하고 싶습니다. 부모도 물론 속이 상할 것입니다. 모든 것이 아이의 미래에 대한 걱정 때문임도 압니다. 그러나 당사자인 아이의 마음을 먼저 챙겨 주십시오. 부모 입장에서 아이를 변화시키려 하지 말고, 아이 스스로 변화할 수 있도록 여유 있는 공간을 만들어 주십시오.

우리는 살면서 크고 작은 어려움에 처합니다. 그럴 때면 앞날에 대한 걱정에 밤잠을 설치기도 하고, 주변 사람들에게 걱정을 끼칠까 봐 마음을 졸이기도 합니다. 동시에 우리는 어려운 상황이나 실수를 처리하고 대처하는 과정을 통해 자신의 내면을 들여다보고, 지난 일을 되돌아보며 한층 신중해집니다. 타인의 실수나 잘못에도 관대해지며, 관대해질수록 상처도 적게 받습니다. 스스로 치유하고 회복하는 탄력성이 강해지는 것입니다.

✶ 실패와 실수를 허용하라

아이들에게 가장 좋아하는 부모 유형을 물어본 적이 있습니다. 아이들이 가장 좋아하는 부모는 어떤 부모일까요? 용돈을 많이 주는 부모나 친구처럼 사이좋고 즐겁게 지낼 수 있는 부모일까요? 직업이 번듯해 친구들에게 자랑할 수 있는 부모일까요? 가장 많은 응답은 '끝까지 자신을 믿어 주는 부모'였습니다.

그렇다면, 어떻게 해야 아이에게 자신을 믿고 있다는 확신을 줄 수 있을까요? 말로만 "너를 믿고 있다"라고 한다고 해서 신뢰가 전해지지는 않습니다. 실제로 아이를 신뢰하지 않는 부모도 많습니다. 부모는 아이의 능력이나 성과가 아니라 노력 그 자체를 믿어 주어야 합니다. 아이는 그 어느 때보다 자신의 실수나 실패에 대해서 비난하지 않고 믿음을 표현할 때 부모의 신뢰를 느낍니다.

내 첫째 아이는 한국음악을 전공했습니다. 아이는 자타가 공인하는 연습벌레인데, 학교에서 연습을 하다 보면 어느새 날이 훤하게 밝아 오는데도 피곤하다는 생각보다 뻐근한 즐거움이 먼저 느껴진다고 합니다.

아이는 대학 3학년이 되던 해에 대학국악제와 전국고수대회에서 대상을 받으면서 갑자기 관심을 받기 시작했고, 나는 어떻게 아이에게 음악 교육을 시켰는지에 대한 질문을 종종 받게 되었습니다.

처음부터 아이에게 별도로 음악 교육을 시키지는 않았습니다. 그저 아이가 하고 싶은 일이 있으면 해도 좋다고 꾸준히 지지했습니다. 아이는 중학교 3학년 여름, 갑자기 한국음악을 하고 싶다며 국악고등학교에 가겠다고 했습니다.

그 전까지 특별한 교육도 받지 않았고 재능이 두드러지지도 않던 아이가 몇 개월을 연습해 국악고등학교에 가려 하니 쉽지 않았습니다. 결국 입학 시험에서 떨어져 다음 해에 인문계 고등학교에 진학을 했습니다. 그리고 1학년을 마칠 무렵인 11월 초, 아이는 학교를 그만두겠다고 했습니다. 결정을 내리기까지 정말 많은 고민을 했다는 아이의 말에 나와 남편은 아이의 결정을 존중해 주기로 했습니다.

그러나 막상 학교에 가서 자퇴서를 쓰는 내 손은 떨렸습니다. 이 결정이 아이의 인생에 어떻게 작용할지 장담할 수가 없었기 때문입니다. 학교를 그만두는 것이 혹시 중대한 실수가 될 수도 있지 않을까 하는 생각이 떠나지 않았습니다. 무엇보다도 음악을 좋아해서 선택했다는 것뿐, 아이에게는 음악적 재능이 뛰어나다는 확신을 가질 어떠한 징표도 없었습니다. 그러나 중요한 것은 아이가 자신의 인생에 대해 어떠한 결정을 했다는 사실이며, 우리는 부모로서 그 결정을 스스로 책임질 수 있도록 지켜보고 돕는 역할에 충실해야 한다고 마음먹었습니다.

아이는 학교를 그만두고 각 지역의 국악원이나 전수관에서 진행하는 프로그램을 공부하고, 국악 선생님을 만나 집중 지도를 받기도 했습니다. 그렇게 공부를 하던 중에 온 가족이 지방으로 아이가 참가한 국악 대회를 응원하러 간 적이 있었습니다. 결선까지 볼 생각으로 하룻밤 묵을 것을 계획하고 떠났지만 아이는 예선에서 떨어졌습니다. 자신이 너무 긴장을 해 장단을 빼먹었다며 가족들에게 미안하다고 말하는 아이의 목소리가 떨렸습니다. 우리는 그날 서울로 곧바로 오지 않고 그곳에서 즐거운 시간을 보냈습니다. 맛있는 것도 먹고 강변을 걸었습니다. 서로를 응원하며 깊게 안아 주었습니다. 나는 아들에게 너를 사랑하고 언제나 응원할 것이라고 말해 주었습니다. 실수를 해도, 상을 받지 못해도 너를 사랑한다는 사실을 전해 주고 싶었습니다.

아이는 열심히 노력했지만 그 후에도 상복은 별로 없었습니다. 그러던 어느 날부터인가 아이는 대회에 나갈 때면 수상 여부보다는 다른 사람의 연주를 듣는 데 관심이 간다고 했습니다. 대회에 나가면 여러 사람들의 다양한 연주를 들을 수 있고, 자신도 연주자로서 무대에 익숙해지는 경험을 할 수 있으니 그것만으로도 즐겁다고 했습니다.

그렇게 말하는 아이가 조금 짠하다는 생각이 들었지만 나 역시 "잘 해라"에서 "많이 배우고 오라"고 말하며 응원의 방식을 바꾸었습니다. 하루는 아이가 이렇게 말했습니다.

"엄마가 선생님이라 말하는 건데, 학교에서도 예술을 좀 더 적극적으로 가르치면 좋겠어요."
"적극적으로? 어떻게?"
"원하면 누구든 연주하고 공연도 할 수 있게요. 꼭 유명한 예술가가 안 되더라도 무대에 서서 사람들 박수를 받아 보는 경험을 하는 건 좋은 것 같아요. 무대에 올라간 순간에는 어쨌든 내가 주인공이고, 최선을 다해 공연하면 그 자체로도 즐겁거든요. 자신감도 붙고요. 이런 기분을 더 많은 사람들이 느껴 봤으면 좋겠어요."

돌이켜 보면 아이가 대회에서 수상에 대한 욕심을 버리기 시작하던 시점이 아이의 회복 탄력성이 크게 한 단계 자라났던 때가 아닐까 합니다. 아이는 국악을 좋아하고 연습에 즐겁게 몰두합니다. 그러자 결과가 따라오게 되었습니다. 음악으로 사람들과 만나며 살아가겠다는 아이를 보며 이제 조금 안심이 됩니다. 음악을 선택하는 순간부터 끊임없이 반복되었던 실패나 실수들은 음악과 아이를 이어 주는 징검다리였으며, 자신을 돌아보고 더욱 성장하게 하는 계기가 되었다는 생각이 듭니다.

부모가 괜찮다고 했으니 실수해도 괜찮다고 생각하는 아이들은 거의 없습니다. 실수나 실패는 성공의 어머니라고 하지만 이것도 실수와 실패에 관대한 어른을 만나거나 사회적으로 재도전의 기회를 받을 수 있을 때의 이야기입니다.

실수와 실패를 했을 때 용서받을 수 없거나 다시 도전할 수 있는 기회가 없는 환경에서는 실수를 저질렀을 때 자신의 잘못을 돌아보기보다 꾸중 들을 것을 걱정하거나 부모의 마음을 상하게 할 것을 염려해 오히려 행동을 은폐하거나 거짓말을 하는 등 잘못된 대처를 하기 쉽습니다. 실수를 용서받을 수 있는 환경이 갖춰져야 사람은 자신의 행동을 돌아볼 수 있는 마음의 여유를 가집니다. 그러한 마음의 여유 속에서 자신을 돌아보고 자신을 사랑하면서 다시 한 걸음을 내디딜 수 있는 힘이 생기는 것입니다.

✶ 인간은 실패와 실수를 통해서 유능해진다

기계는 외부에서 입력된 명령에 따라서 예정된 결과를 도출합니다. 사람의 두뇌는 인공지능과 달리 자신의 생각을 보태는 과정을 진행합니다. 예측대로 행동하지 않는다는 것이 인간과 기계의 가장 큰 차이입니다.

인간의 두뇌는 일정한 규칙에 따라 반복되는 상황에서 지루함을 느낍니다. 그 지루함을 깨뜨리기 위해 새로운 방법을 고민하고 재미를 추구합니다. 자신이 관심이 있는 문제라면 외부의 허락이나 명령이 없어도 스스로 고민하고 탐구하는 특징이 있습니다.

이것이 인간 두뇌의 가장 큰 잠재력이자 기계와의 차이점입니다. 그러나 이제까지 우리 교육은 이 잠재력을 활용하기는커녕 억누르고 죽이는 방향으로 움직여 왔습니다. 특정 정보 지식을 반복하여 외우고 필요할 때 끄집어내는 일은 이제 기계의 일입니다. 인공지능 시대에는 더 이상 인간의 두뇌를 저장고로 활용할 필요가 없습니다.

인공지능이 인간의 두뇌를 따라잡을까 봐 걱정할 때가 아닙니다. 반복성이 강하고 높은 정확도를 요구하는 일은 기계가 더 잘할 수 있지만 새로운 길을 도모하고 가치를 추구하는 일은 여전히 인간의 영역입니다. 앞으로 다가올 시대에는 직업 또한 기계적인 일보다 인간만이 할 수 있는 일을 중심으로 재편성될 것입니다. 교육 또한 그에 맞춰 바뀌어야 합니다.

그 첫 번째가 실수를 인정하는 것입니다. 사람이기에 실수를 합니다. 사람은 기계처럼 정확하지 않고, 외부의 입력값에 따라 정해진 답을 도출하는 존재가 아닙니다. 때로는 실패나 실수에서 또 다른 아이디어를 얻기도 합니다. 아이가 실수를 두려워하게 만드는 교육은 곧 인간의 뇌를 기계처럼 만들고자 하는 교육이며, 이는 다가올 시대를 완전히 역행하는 교육입니다.

인간의 뇌가 어떤 문제를 처리하기 위해서 집중하는데 방해물이 나타나면 어떻게 될까요? 기억력, 사고력 등이 분산되기 때문에 해결하려는 문제에 집중하기가 어려워집니다. 이때 집중을 방해하는 방해물이 바로 실패에 대한 걱정과 긴장, 두려움입니다.

실수나 실패가 허용되지 않는 환경에서는 뇌의 기능을 충분히 활용할 수가 없습니다. 문제 해결에 집중하기보다는 실수나 실패에 대한 걱정을 지나치게 많이 하게 되어 정작 사용해야 할 집중력이 부족해지는 것입니다. '내가 잘하고 있을까? 실수하고 있는 것은 아닌가?'에 대한 걱정을 하는 데 정신력을 지나치게 소모하므로 배우는 능력이 떨어집니다.

토머스 에디슨(Thomas Edison)은 "나는 실패하지 않았다. 다만 효과가 없는 만 가지의 방식을 발견했을 뿐이다"라고 했습니다. 실패했을 때 인내하는 것이 성공의 열쇠라고도 했습니다. 실수나 실패를 거치고도 다시 노력하고 시도하는 용기가 회복 탄력성이며, 이 특성을 극대화할 때 인간의 능력은 가장 최대치의 잠재력을 이끌어 낼 수 있습니다.

성장기 아이는 누구나 부모의 사랑과 관심을 받고 싶어 합니다. 부모가 좋아할 일들을 열심히 하면서 소정의 성과에 대한 칭찬을 원합니다. 그러나 아이가 노력했다 하더라도 부모의 기대에 미치지 못하거나 눈에 띌 만한 성과를 내지 못하는 경우가 많습니다. 때로는 잘하려고 지나치게 긴장한 나머지 실수를 해서 일을 엉망으로 만드는 경우가 생기기도 합니다.

인간이라면 누구나 하는 것이 실수입니다. 그런데 실수를 할 때마다 치명적인 자존감의 손상을 입는다면? 한 번의 실수가 미래를 결정하는 지울 수 없는 기록으로 남거나 직업을 가질 수 없는 이유로 작용한다면? 이런 모든 요소들이 인간의 잠재력과 창의력을 떨어뜨립니다.

실수는 새로운 배움이기도 합니다. 일정한 길로 가다가 실수를 하면 목표와 방향이 심하게 흔들리면서 재점검할 기회를 갖게 됩니다. 결과가 미리 정해진 길을 정확하게 가는 것은 이제 인간의 일이 아닙니다. 인간이기에 넘어지거나 방황하면서 지름길을 찾기도 하고, 아예 다른 길을 찾아내기도 하는 것입니다. 그렇게 새 길을 가다 낯선 풍경을 마주치고 그 전까지 몰랐던 사실을 깨닫기도 합니다.

한 치의 오차나 실수 없이 정확함을 추구하는 일은 이제 인공지능의 몫이 될 것입니다. 미래 교육은 기계가 더 잘할 수 있는 일에 아이들의 잠재력을 소진하지 않고, 인간이기에 가지고 있는 고유 능력을 키우는 방향으로 교육 활동을 구성해야 합니다.

✶ 아이의 회복 탄력성을 높여 주는 말

잘못과 실수를 통해서 길러지는 회복 탄력성은 눈에 보이지 않는 내면의 힘이며, 아주 조금씩 성장하기 때문에 본인 스스로도 자신이 변화하고 있다는 사실을 인지하지 못할 정도입니다.

때문에 부모가 실수를 허용하고 격려해 준다고 해서 계단을 밟고 올라가는 것처럼 단계적으로 성장하는 능력이 아니며, 남들 눈에 띄는 방식으로 용기를 내거나 도전하는 모습을 보기도 쉽지 않습니다. 용기를 내는 과정 역시 내면에서 이루어질 때가 많기 때문입니다.

의연하게 다시 도전할 수 있을 것처럼 보이다가도 다시 실수를 거듭하면서 불안해하기도 합니다. 과거에 저지른 잘못과 실수는 끊임없이 사람을 주저하게 만들고, 가장 나빴던 시절의 기억을 되살려 내기 때문입니다.

이럴 때 부모가 아이에게 "실수를 하고도 배운 것이 없다" 또는 "예전과 바뀐 게 없다" 등의 말을 하면 아이는 마음의 문을 닫아걸고 더 방황할 수 있습니다. 이전보다 불안해하거나 더 비뚤어지고 말썽을 부리며 엇나가는 모습을 보이기도 합니다. 이때 부모가 전달해야 하는 메시지는 따로 있습니다. 직접 말하기가 어렵다면 편지나 문자 메시지 등을 이용해도 좋습니다.

"너 스스로는 당장 변한 것이 없다는 생각이 들 수도 있겠지만 사실은 많이 변하고 있어. 물도 처음부터 끓을 수 있는 건 아니잖아. 100도가 될 때까지 지속적으로 열을 가해야 물도 끓는 것처럼, 사람도 변하기 위해 노력하는 기간이 필요한 거야. 우리는 네가 노력하고 있다는 사실을 잊지 않고 늘 기억하고 있어."

내면에서 많은 변화가 있었다 할지라도 행동으로 나타나기까지는 생각보다 많은 시간이 필요합니다. 왜냐하면 인간의 행동은 새로운 결심이나 변화뿐 아니라 오랫동안 지속해 왔던 습관의 영향도 받기 때문입니다. 자기 자신도 모르는 사이에 예전의 실수나 잘못된 모습이 다시 행동으로 튀어나올 수 있습니다.

그런 순간에도 사람의 내면은 계속 움직이는 중입니다. 인간의 변화는 직진만을 거듭하는 형태가 아니라 전진과 후퇴를 반복하고 때로는 제자리에서 빙글빙글 돌기도 하는 부정형임을 기억합시다. 때문에 자기 스스로도 자신의 변화에 확신을 가지지 못하는 때가 옵니다. 아이가 자신에 대한 신뢰를 잃고 힘들어할 때, 부모는 아이의 노력 그 자체에 집중하고 가장 가까이에서 그 사실을 말해 주는 사람이 되어야 합니다.

아이가 못하겠다고 말할 때, 능력이 부족하다고 말할 때 할 수 있다고 말해 주십시오. 그렇게 말해도 아이가 받아들이지 않을 수도 있습니다. 자기 확신을 잃은 아이는 비뚤어져서, 안 되는 걸 뻔히 알면서도 부모가 저를 부추긴다고 생각할 수도 있습니다. 그때는 속상해하지 말고 이렇게 말해 주십시오.

> "나는 네 엄마(아빠)잖아. 너를 가장 가까이서 오랫동안 지켜봤고, 네 작은 변화까지도 느낄 수 있는 사람이라 너한테 말할 수 있는 거야. 너는 다시 할 수 있다고."

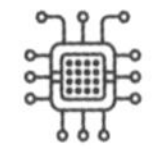

사람의 세 번째 힘, 예술 감수성

✶ 발달한 감수성이 공감 능력과 회복 탄력성을 키운다

보람이는 집안 사정으로 이모와 함께 사는 아이였습니다. 비교적 말이 없는 편이지만 수업 시간에 장난을 쳐 자신에게 이목을 집중시키는 것을 좋아했습니다. 샤프심을 길게 이어 붙여 매다는 장난을 치기도 하고, 색종이로 개구리나 메뚜기를 접어서 교탁 위를 가득 채우는가 하면 친구들에게 짜증을 내면서 소리를 지르기도 하고, 비 오는 날에는 엄마가 보고 싶다며 눈물을 글썽거리기도 하였습니다.

밝은 성격이지만 다소 정서가 불안정한 면을 보이는 보람이를 저는 내심 걱정하며 지켜보았습니다. 그러던 어느 날, 수업이 끝나고 학교를 산책하던 때 등나무 그늘 아래에서 기타를 들고 있는 보람이를 만났습니다.

"보람아! 요즘 기타 배우니?"

"네."

"와, 기타 들고 있으니까 멋지다. 잘 어울리네."

"감사합니다."

"배운 지 얼마나 됐어?"

"간단한 노래는 칠 수 있어요."

보람이는 방과 후에 기타를 배운지 일주일 정도 되었는데 벌써 간단한 연주를 할 수 있다고 했습니다. 우리는 이야기를 잠깐 나누었고, 보람이의 기타 반주에 맞춰 짧은 노래를 한 소절 불렀습니다.

그로부터 6개월 후, 보람이는 밝은 얼굴로 초대장을 내밀었습니다. 기타 동아리 친구들과 함께 지역 동아리 연합 발표회에 나가게 되었다고 했습니다. 나는 크게 축하해 주고 연습실을 방문해 응원도 해 주었습니다.

보람이는 동아리 연합 발표회가 끝나고 나서도 기타를 메고 다녔습니다. 그리고 다음 해 학교 축제에 보컬 그룹을 이끌고 나와 노래와 기타 연주가 어우러진 멋진 공연을 보여 주었습니다. 보람이는 기타를 매우 빠르게 배웠고, 기타를 잘 치게 되었습니다.

학교 축제뿐 아니라 음악 봉사 활동이나 발표회 등 음악 관련 행사에는 빠짐없이 참여해서 활동했습니다. 몰입할 일이 생긴 보람이는 더 이상 엉뚱한 장난으로 사람들의 관심을 끌거나 친구들에게 짜증을 내지 않게 되었습니다. 고등학교 2학년이 된 보람이를 만났을 때, 보람이는 기타 동아리를 만들어 적극적으로 활동하고 있었습니다.

청소년들은 예술 활동에 열광합니다. 아름다운 공연을 보면 감탄사를 연발하고 뮤지컬을 보고 나면 노래를 흥얼거리며 춤을 춥니다. 몸으로 배우는 습득력이 엄청나게 뛰어난 시기이며, 보고 배운 것을 정확하게 재현할 수 있습니다. 청소년 시기에 악기나 그림, 연극 등을 배우면 평생 그 방법을 쉽게 잊지 않습니다. 마치 여러 사람들이 다니면서 숲속에 길을 내고 나면 한참 동안 그 길을 사용하지 않아도 거미줄만 걷어내면 다시 길의 역할을 할 수 있듯이, 청소년 시기에 예술을 배우면 오랜 세월이 흐른 뒤에도 조금만 연습을 하면 그 당시의 예술 감수성을 회복할 수 있을 정도입니다. 청소년, 특히 중학생 시기가 뇌의 신경세포가 연결되고 강화되는 때인 것과 관련이 있을 것입니다.

아이들에게 예술 교육을 할 때 잊지 말아야 할 것은 감상 교육뿐 아니라 직접 표현할 기회를 자주 갖도록 해 주어야 한다는 것입니다. 아이들의 예술 교육을 위해 공연이나 전시회를 보러 다니는 부모는 적지 않습니다. 그러나 그림이나 공연의 의미를 백과사전처럼 읊어 주입하는 식으로는 아무 교육도 되지 않습니다. 아이는 문화 예술을 지루한 것이라고 생각할 것입니다.

런던의 내셔널 갤러리나 테이트 미술관에서는 깜짝 놀랄 만한 장면

이 펼쳐집니다. 박물관이나 미술관에서는 정숙하게 감상만 해야 한다는 우리 생각과는 달리 그곳에서는 아이들이 바닥에 주저앉아 자유롭게 그림을 그리고 있습니다. 학급 전체가 방문한 듯 여러 아이들이 무리 지어 있어 다른 관람객들이 되려 피해 가기도 합니다. 그러나 어떤 어른도 그런 모습에 대해 불평하지 않습니다. 그 사회에서는 아이들에게 예술 교육을 할 때 감상과 표현이 동시에 이루어져야 함이 합의되어 있는 것입니다.

예술 활동을 통해서 배우는 형성되는 감수성과 상상력은 삶의 전반적인 활동으로 확산되는 파급력이 있습니다. 청소년들은 예술 활동을 통해서 인생의 다양한 즐거움을 이해하고 협력하는 즐거움을 터득합니다.

예술 활동이란 인간의 감성을 이해하고 표현하는 활동입니다. 달리 말하자면, 인간의 감성을 이해하지 않으면 표현할 수도 없습니다. 인공지능과 로봇의 시대에 가장 인간적인 감성을 일깨워 줄 수 있는 사람이 예술가들입니다. 예술가들은 인간의 마음 깊은 곳에 가라앉아 있는 추억과 감성을 흔들고 상상력을 깨우며 서로를 위로하고 연결하는 사람들입니다.

그러나 어릴 때부터 학습하지 않으면 훌륭한 예술 작품을 앞에 두고도 감동을 느끼지 못하는 경우가 많습니다. 감동을 느끼지 못한다는 것은 앞에서 말했던 세 번째 힘, 예술 감수성이 제대로 성장하지 못했다는 의미입니다. 예술 활동은 인간의 마음을 회복하기 위한 거대한 소통입니다.

✶ 감수성이 곧 창의력이다

4차 산업혁명 시대에 가장 강조하는 역량이 창의력입니다. 창의력은 더 좋은 세상을 만들어 내는 기반이고, 문제를 해결하고 삶의 질을 높여 주는 능력입니다. 창의력의 중요한 기반이 예술 감수성입니다. 예술 감수성은 뭔가를 생각하고 느끼고 표현하는 능력으로 사람을 더 넓은 세상과 만나도록 이끌어 주는 연결 고리입니다.

사회가 오랫동안 경제적 성과주의를 강조하다 보니 지금도 새로운 기술을 더 빨리 선점하기 위한 코딩 교육과 디지털 기술 교육 등을 통한 창의력 향상을 강조하고 있습니다. 그러나 인간의 창의력과 문제 해결 능력을 높여 주는 가장 효율적인 교육은 예술 교육입니다.

예술 교육은 다른 교과목을 이해하고 배우는 일에 영향을 끼치고, 사회에 대한 이해와 비판적 사고력, 새로운 사회에 대한 상상력을 제공합니다. 따라서 세계적인 교육 선진국들은 예술 교육에 공교육의 시간과 재정을 투입하고 있습니다.

미국의 대통령직속 예술인문학위원회(President's Commitree on Arts and Humanities)에서는 2011년 〈예술 교육의 재투자, 창의적인 학교를 통한 미국의 미래 획득〉이라는 보고서를 발표하며 예술 교육이 다른 교육적 가치에 끼치는 영향에 대해서 다음과 같은 결과를 강조했습니다.

> 연극, 무용, 음악, 시각 미술을 공부하면서 학생들은 언어나 숫자만으로 전달할 수 없는 상황에서의 관계와 새로운 아이디어를 탐색할 수 있었다. 작품을 창작하고 공연하는 과정에서 다른 교과에 적용할 수 있는 새로운 문제 해결 기술을 발달시킬 수 있으며, 팀으로 협업할 수 있는 경험 또한 제공한다. 또 하나 중요한 사실은 예술 교육이 다른 과목의 성공에 보탬이 된다는 사실이다. 밴드와 오케스트라 활동에 참가한 저소득 계층의 학생들이 수학평가시험에서 다른 학생들보다 높은 점수를 받았다. 연극에 참여한 저소득층 학생들은 참가하지 않았던 학생들에 비해 읽기가 더 능숙했고 자아 개념 또한 더 긍정적이었다.•

이 보고서는 미국 학교들의 사례 연구를 통해 예술 교육에 대한 중요성을 강조하고 있습니다. 그동안 읽고 쓰고 셈하는 기본 능력을 갖추는 교육이 중요한 화두였다면, 이제는 예술 교육의 중요성이 부각

• Reinvesting in Arts Education: Winning America's Future Through Creative Scools, President's Commitree on Arts and Humanities, 2011. 5. (저자 역)

되고 있습니다. 예술 교육이야말로 4차 산업혁명 시대에 강조하고 있는 창의력과 문제 해결 능력을 크게 키워 주는 교육이기 때문입니다.

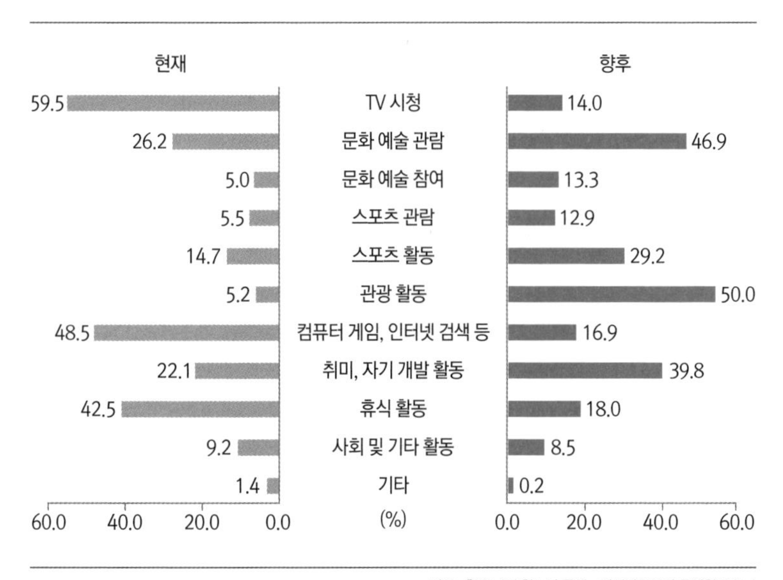

자료 : 「2016년 청소년 통계」, 여성가족부와 통계청, 2016

이 표는 청소년들이 여가 시간을 어떻게 보내는지를 조사한 표입니다. 항목을 두 가지로 나누어 현재 하고 있는 일과 앞으로 하고 싶은 일을 모두 조사했습니다. 표를 살펴봅시다. 청소년들은 현재 주로 텔레비전 시청, 컴퓨터 게임, 인터넷 검색 등을 하며 여가 시간을 보냅니다. 그러나 향후에 하고 싶은 일을 조사한 목록에서는 문화 예술 관람

또는 참여, 스포츠 활동, 관광 활동, 취미, 자기개발 활동 등이 압도적으로 높습니다. 하고 싶은 일의 목록에서 텔레비전 시청과 컴퓨터 게임의 비중은 그다지 높지 않습니다.

어른들은 아이들이 텔레비전만 본다고, 컴퓨터 게임만 한다고 불평하지만 정작 아이들에게 그 두 가지 외에는 여가 시간을 보낼 방법이 주어지지 않습니다. 문화 예술 활동을 하고 싶고, 여행을 가고 싶고, 스포츠를 즐기고 싶고, 취미나 자기 개발 활동을 하고 싶지만 기회도 없고 방법도 잘 알지 못합니다. 따로 교육받은 적이 없기 때문입니다.

이 시기 아이들이 문화 예술 활동에 관심을 가지는 이유는 예술 감수성이 높기 때문입니다. 예술 감수성은 작품을 감상하거나 직접 자신의 감정을 표현하고 다른 사람의 감정을 이해하는 활동을 통해서 점점 더 높아집니다. 꼭 직접 다른 사람과 접촉할 때만 공감 능력이 발달하는 것이 아닙니다. 예술 활동을 통해서 마음을 표현하고 상대방을 이해할 때도 공감 능력이 발달합니다. 직접 경험하지 않았더라도 책, 영화, 다양한 형태의 이야기를 접했을 때 우리는 작품 속 인물에게 감정 이입하고 상상의 나래를 펼칩니다.

✶ 전공할 것이 아니면 예술 교육은 필요 없다?

부모들이 예술 교육에 대해 갖고 있는 몇 가지 편견이 있습니다. 첫 번째 편견은 예술 교육은 어린 시절에 잠깐 하는 것으로 충분하며 중고등학생 때부터는 본격적으로 입시 공부를 해야 한다는 생각입니다.

대부분 어린 시절에는 악기를 가르치고 음악, 미술, 무용 등 예술 활동을 할 기회를 마련해 주고 격려도 해 줍니다. 그러나 중학교에 입학하는 즉시 예술 교육을 중단시키고 학교 성적을 높이기 위한 교육에 몰두합니다.

한창 예술 활동을 통해 활발하게 지성과 감성이 발달해야 할 청소년 시기에 예술 교육을 중단하고 지식을 암기하거나 정보를 저장하는 인지 교육에 집중하는 것은 안타까운 손실입니다. 예술 교육은 오히려 청소년 시기에 가장 큰 효과를 낳을 수 있습니다. 예술에서 받은 감동은 그들의 정서를 보듬어 주고, 새로운 꿈과 상상력이 일어나도록 동기를 부여합니다.

두 번째 편견은 예술 교육이 전문가를 양성하기 위한 과정이라는 생각입니다. 아주 뛰어난 소질을 가진 사람이 아니면 예술 활동으로 먹고 살 수 없기 때문에 가르쳐 봐야 삶에 도움이 되지 않는다고 생각하는 경향이 있습니다. 그러나 예술 감수성은 취업이나 진로를 준비하기 위한 지엽적인 능력이 아닙니다. 공감 능력, 회복 탄력성과 마찬가지로 인간이 평생 가지고 발달시켜야 할 원천적인 힘입니다.

예술을 감상하는 능력은 삶을 긍정적으로 살아갈 수 있는 토대가 됩니다. 음악을 들으며 즐거움을 느끼고, 때로는 슬프거나 울적한 자신의 감정에 푹 잠겨서 정서적으로 삶을 지속할 수 있는 기운을 차리기도 합니다. 시를 감상하거나 아름다운 그림, 영화를 보면서 다른 사람의 감정을 상상합니다. 이러한 정서적 효과를 통해서 사람들은 삶과 타인을 이해하고 수용하는 여유를 갖게 되는 것입니다.

예술 교육이 되어 있지 않은 많은 기성세대의 특징이 여가 시간을 즐겁게 보낼 줄 모르고 쉽게 지루해한다는 것입니다. 사람들과 만나 떠들썩하게 어울리면서 목소리를 높여 대화를 나눌 때는 즐거워하다가도 혼자가 되면 금세 심심하고 우울해합니다.

반면에 예술 감수성이 높은 사람일수록 여가 시간을 생산적으로 보냅니다. 혼자만의 시간도 기꺼이 즐겁게 보낼 수 있습니다. 음악을 듣거나 영화를 보며 감동에 빠지기도 하고, 직접 글을 쓰고 그림을 그리기도 합니다. 춤을 비롯한 신체 표현 활동을 배우기도 하고 책 읽기를 즐기기도 합니다. 이들은 스스로 '내가 좋아하는 것', '재미있는 것'을 끊임없이 찾고 생각하며 즐깁니다. 이런 시간들이 결국 앞서 말한 새로운 가치를 가진 콘텐츠를 만들어 내는 원천력이 되며, 이러한 창의력은 업종과 관계없이 개인의 자존감을 높여 주고 경쟁력이 되어 줍니다.

예술 활동은 다양한 정서적 공명에 사람을 노출시켜 공감 능력을 키워 주고, 어려운 상황에서도 크고 작은 즐거움과 감동, 아름다움 등을 추구하는 힘을 불어넣어 회복 탄력성에도 영향을 끼칩니다. 이처럼 예술 감수성은 즐겁고 건강한 삶을 보내게 해 주는 능력이며, 예술 교육은 모든 사람을 위한 교육입니다.

또한 예술 교육은 개인적인 감상과 표현을 넘어서 공동체의 결속을 다지고, 여러 사람과 논의하여 문제를 해결하는 협업 능력을 높입니다. 함께 힘을 모아 공연하는 연극이나 뮤지컬, 여럿이 화음을 맞추기를 반복 연습하여 발표하는 음악회, 공동 작업을 통한 전시회 등 방법은 다양합니다. 이러한 활동들은 개인의 역량뿐 아니라 소통과 협업 능력을 강화한다는 점에서 교육에 있어서는 필수적입니다. 2017년에는 서울시 교육청에서도 중학교 예술 교육 과정으로 연극과 뮤지컬 창작 교육을 진행했습니다.

예술 활동은 자기 주도적으로 생각할 수 있는 길도 열어 줍니다. 예술 작품을 놓고는 다양한 해석이 가능하기 때문입니다. 같은 영화를 봐도 100명이면 100명이 다 다른 해석과 감상을 내놓습니다. 이 감상에는 정답이 없으며, 타인이 옳고 그름을 평가하거나 비난할 수 없는 자기만의 해석입니다. 예술 교육은 창의력을 강조하는 미래 사회에서 살아가기 위해 아이들이 반드시 공평하게 누려야할 필수 교육입니다.

미래 시대 부모에게는 무엇이 필요한가

부모와 아이는 함께 자라는 존재

★ 부모의 공감 능력이 곧 아이의 공감 능력이 된다

그렇다면 어떻게 아이들의 공감 능력, 회복 탄력성, 예술 감수성을 키워 줄 것인가? 우선 알아야 할 것은 부모부터 이 세 가지 힘을 키워야 한다는 것입니다. 내가 공감하지 못하고, 내가 회복 탄력적이지 못하고, 내가 예술 감수성이 부족한데 아이만 그 세 가지가 풍부한 사람으로 키우고 싶다는 것은 모순입니다.

산업이 발달하고 생산력이 증가할수록 사회 구성원들에게는 여유 시간이 생깁니다. 산업 시대 이전에는 가족 구성원들이 남녀노소할 것 없이 일터에 나가서 일을 해야 생활이 유지되었습니다. 아이들도 집안일을 하거나 돈벌이에 나서는 경우가 흔했습니다.

그러나 산업이 발달하고 그에 따라 제도가 정비되면서 어른들의 노동 시간은 물론 특히 아이들이 일을 하는 시간이 대폭 줄어들었습니다. 일정한 연령까지는 일을 하지 않고 학교라는 교육 시설에서 교육을 받는 것이 의무화되었습니다.

옛날에는 아이를 보호해야 할 대상으로 보는 의식이 지금에 비해 희박했습니다. 아이들은 그 자체로 존중받기보다는 미숙한 존재로 여겨져 통제받았고, 그러면서도 노동력을 착취당하는 등 인권을 보호받지 못했습니다.

아이를 노동 인구가 아니라 사회를 이끌어가야 할 존재로 보는 시각이 보편화되며 지금처럼 일정한 나이에 이르기까지 교육하고 보호하는 것을 의무로 여기게 된 것입니다. 양육과 교육을 받는 기간이 길어지며 아이들은 부모나 조부모 등 보호자들과 접촉하는 시간이 늘어났습니다. 돌봄을 덜 받았던 시기의 아이들과 현대 사회 아이들의 의식 성장에는 자연히 차이가 나게 되었습니다.

공감 능력은 인간의 타고난 능력이지만 가까이에서 함께 생활하는 다른 사람들의 반응에 의해서 발현하고 성장합니다. 어릴 때부터 아이의 감정에 반응해 주고 함께 놀아 주고, 힘들었을 때는 위로해 주면서 감정을 공유하고 지지하는 과정을 통해 아이의 공감 능력이 성장합니다.

유아부터 청소년기까지 보호자가 아이를 대하는 관점과 양육 태도는 공감 능력의 성장에 직결되어 있습니다. 자녀와 접촉하고 소통하는 시간이 많아질수록 아이의 공감 능력은 더 발달할 것입니다. 이것은 사회적으로 성인들에게 여유 시간을 보장해 주어야 하는 이유이기도 합니다. 한국의 부모들은 너무 바빠서 아이들과 보낼 시간을 만들기가 어렵습니다. 이런 환경에서 슬로건으로만 미래 교육을 외치는 것은 반쪽짜리이며, 노동 시간을 줄여야 한다는 것이 단순히 노동 문제만이 아닌 이유입니다.

그렇다고 아이의 교육에 손을 놓을 수도 없는 노릇. 부모인 나는 어떻게 공감 능력과 회복 탄력성, 예술 감수성을 키울 수 있을까요?

✶ 먼저 아이의 변화를 이해해야 한다

인간의 발달 과정에서 1차 아동기는 보통 2~3세에 시작해 6~7세 정도면 마무리됩니다. 6~7세 아동들은 가족이나 친구가 표현하는 감정에 관심을 많이 가집니다. 부모가 화를 내거나 슬퍼하면 원인을 알아보려고 탐색하거나 도우려고도 하고, 아이 나름대로 위로를 하기도 합니다. 관계를 맺고 있는 사람들을 돕고 배려하고 싶은 마음을 말과 행동으로 표현합니다. 공감 능력이 발달하는 시기입니다. 그런 만큼 타인의 공감을 바라게도 됩니다.

아이들이 예닐곱 살이 되는 무렵에 꼭 거치는 질문이 있습니다. 첫 번째 단계의 질문은 "엄마(아빠), 나 사랑해?"라는 질문입니다. 이때 부모들은 대체로 "그럼. 무척 사랑하지"라고 대답합니다. 그러면 아이는 두 번째 단계의 질문을 합니다.

"내가 말을 잘 들으면 사랑하지?"

"그럼, 말 잘 들으면 사랑하지."

"내가 말 안 들으면?"

"그래도 사랑해."

이때 세 번째 단계의 질문이 나옵니다.

"그런데 왜 지난번에 내가 말 안 들었을 때는 소리 지르고 화냈어?"

갑자기 말문이 막힐 겁니다. 이럴 때 어떻게 대답하시나요? '너를 사랑하기 때문에'라거나 '너 잘 되게 하기 위해서'라는 대답이나 '엄마(아빠)도 너의 말을 다 들어 주기는 힘들다'라는 하소연은 아이에게 어떤 위로가 되기도, 도움을 주기도 어렵습니다. 이때는 부끄러워하지 말고 솔직하게 이렇게 말하는 것이 좋습니다.

"미안해. 그때는 내가 당황해서 소리를 지르고 화를 냈어. 그래도 너를 사랑하는 마음은 변함이 없어. 앞으로는 더 친절하게 말하도록 노력할게."

아이들은 어른보다 몸과 마음 모두가 약합니다. 어른들 입장에서는 '그 정도로 뭘'이라고 생각하는 작은 감정의 폭발도 아이들에게는 아주 크고 심각하게 다가옵니다. 이때 아이의 두려움과 서운함에 공감해 주는 이러한 대화들은 과거에 아직 머물러 있는 아이의 마음을 현재로 불러와 위로하는 역할을 합니다.

이것이 어렵다면 부모로서의 역할보다 내 안에 존재하는 부모로서의 평판에 더 천착하는 것입니다. 아이는 내가 양육하고 보호해야 할 대상이지, 나를 평가하고 나와 경쟁하는 대상이 아닙니다. 아이 앞에서 나 자신을 방어하고 변명하거나 싸우려 들 필요가 없는데 많은 부모들이 이 부분을 착각합니다. 자신의 역할을 명확히 자각하면 아이 앞에서 더 너그러워질 수 있습니다.

마찬가지로 아이에게도 부모는 자신을 키우고 보호해 주는 존재이지, 아이를 평가하고 경쟁하는 대상이 아니어야 합니다. 아이의 마음을 판단하고 평가하기보다는 공감해 주는 것이 부모의 역할입니다. 아이들은 성장함과 동시에 좀 더 복잡하고 구체적이며 직접적인 공감을 원하게 됩니다. 청소년의 특징은 자신이 어린 아이가 아니라고 생각한다는 점입니다. 독립적으로 살아갈 힘을 준비하는 시기입니다. 육체적으로 많이 성장하고, 정신적으로 뇌의 신경세포들의 연결이 활발하게 이루어지며 정서와 지능이 엄청나게 발달합니다. 어른들의 말을 잘 안 듣고 자기 주장을 펼치며 미움을 받기도 합니다.

또한 자신과 어른들이 동등한 인간이라는 평등 의식이 무척 발달하기 때문에 청소년 시기에는 '공평한가'에 유독 집착을 합니다. 나이, 상황, 조건을 초월하여 무조건적인 공평함을 요구할 때가 많습니다. 반면 부모에게 청소년기 아이는 덩치만 컸을 뿐, 생각이 여물지 않아 미덥지 않기 때문에 이런저런 당부와 걱정을 하게 됩니다. 여기서 충돌이 발생합니다.

그동안 말을 잘 듣고 큰 문제를 일으키지 않던 아이도 청소년기에 들어서면 평등 의식과 주인 의식이 높아지기 때문에 자기 주장이 강해집니다. 사소한 일에도 어른이 억압한다고 느끼며 말대꾸를 하고 저항합니다. 이 시기에 갈등을 원활히 해결하는 방법은 아이의 말에 대해서 즉각적인 반응을 자제하고 아이가 더 말할 수 있는 기회를 주는 것입니다.

단적인 예로 부모가 외출이나 외식에 대해서 미리 예고하거나 합의하지 않고 일방적으로 제안하면 청소년들은 십중팔구 따라나서지 않습니다.

"제가 왜 가야 하는데요? 두 분이서 다녀오세요."

"너는?"

"저는 바빠서요."

이럴 때 부모는 마음이 불편합니다. 딱히 공부를 하는 것도 아니고 특별한 일을 하고 있지도 않으면서 비협조적인 태도를 보이는 아이가 못마땅합니다. 아이가 변한 것 같아 서운하기도 합니다. 열 살 이전까지는 어디 같이 가자고 하면 신나서 따라나서던 아이가 열 살만 넘어도 시큰둥한 반응을 보이다가 열서너 살쯤 되면 본격적으로 거부를 합니다.

도대체 왜 그러는 걸까요? 저는 많은 아이들과 면담을 하면서 그 이유를 탐색해 보았습니다. 아이들의 의견을 쉽게 정리하면 다음과 같습니다.

"내가 오라면 오고 가라면 가는 사람이야?"

"나랑 오늘 저녁 같이 먹자고 미리 의논한 적 있어?"

"내가 언제까지 엄마 아빠가 하자는 대로 따라만 다녀야 해?"

아이들의 의견을 종합해 보면 딱히 이유가 있어서라기보다는 방어적일 정도로 자신의 정체성과 독립성을 지키려 드는 심리 현상을 발견할 수 있습니다. 사전에 저와 의논하고 합의하지 않은 일에 대해서는 끌려 다니고 싶지 않은 것입니다. "지난 10년 동안 부모님을 충분히 따라 다녔다"라고 말하는 아이도 있습니다.

그러나 이 시기가 꼭 반항적이기만 한 것은 아닙니다. 일방적인 요구에는 비협조적이지만 서로 의견을 주고받으며 정한 규칙에 따라 진행하는 일에는 열심히 참가하고 합의된 사항을 지키려는 의지가 강합니다. 사전에 의논하고 합의하여 약속하는 방식으로 대화를 해 나가면 아이들과 큰 충돌을 빚지 않을 수 있습니다.

대화를 할 때 "~해라", "~하자" 등 명령형이나 청유형 어미를 사용하기보다는 "~할까?", "~에 대해서 어떻게 생각해?", "네 의견이 궁금해" 등 질문을 통해 아이와 이야기해 보십시오. 합의를 이끌어 내는 방식으로 대화의 패턴을 바꿔 주어야 합니다.

어린 시절부터 부모가 자녀의 의견을 묻고 존중하는 방식으로 관계를 맺어 왔다면 이 시기도 비교적 부드럽게 넘어갈 수 있습니다. 그러나 부모가 엄격하게 통제하거나 아이의 생활을 관리하는 방식으로 관계를 맺고 아이가 부모의 결정에 따르는 방식으로 대화를 해 왔다면 부모에 대한 저항감이 더 커질 수 있습니다. 독립심을 갖추는 것은 청소년 시기의 발달 과제이기 때문입니다.

아이들은 어른이 되기 위한 과정을 거치고 있습니다. '아직 어리다'는 점을 강조할수록 자신이 어린 아이가 아니라는 점을 증명하기 위해 어른들의 말에 엇나가고 어른의 행동을 모방하면서 힘을 과시하려는 경향이 있습니다. 아이가 정상적인 성장기를 거치고 있다는 것을 인정하고, 아이를 내게 맞추려 하기보다는 아이에게 나를 맞춰 가는 연습을 시작해야 합니다. 그 시기를 먼저 거쳐 온 어른이기에 할 수 있는 일이기도 합니다.

앞서 한 아이가 어른의 정의를 '진짜 사람'이라 표현했다고 했습니다. 어른은 아이에 비해 완성된 사람, 진짜 사람이어야 합니다. 어른이기 때문에 아이보다 좀 더 너그러워야 하고, 성숙해야 하고, 앞서 나가기 위해 노력해야 합니다. 그것이 아이를 키우는 어른의 책임 의식입니다. 그런 부모와 함께 생활하는 아이는 몇 년 지나면 훌쩍 자라 또 한 명의 '진짜 사람'이 될 것입니다.

나 자신부터 돌아보기

★ 내 안의 '착한 아이 콤플렉스'를 버려라

착한 아이 콤플렉스란 다른 사람으로부터 좋은 평가를 받기 위해 내면의 욕구를 억압하는 심리적 콤플렉스를 뜻합니다. 이 콤플렉스가 심한 사람들은 부모가 되기 전에는 자신의 평판만 신경 쓰다가, 부모가 되고 나면 아이의 평판에도 집착하게 됩니다. 물론 부모라면 누구나 아이에 대한 좋은 평가를 듣고 싶어 합니다. 하지만 이런 경향이 심할 경우, 아이가 제 감정을 참더라도 아량 있고 착하게 행동하기를 은근히 강요합니다.

착한 사람들의 고민은 다른 사람들의 부탁을 거절하지 못하는 것임을 생각해 볼 필요가 있습니다. 부모의 자기 만족을 위해 아이는 다른 사람의 눈치를 봐야 하는 것입니다. 이런 강요를 은연중에 받으며 자라는 아이는 자신의 감정을 솔직하게 표현하지 못하기 때문에 점점 위축되고 자신감이 약해집니다.

특히 청소년기에 이르러 아이가 겪는 괴로움은 더 커지는데, 이맘 때 아이들은 자신의 생각을 솔직하게 표현하는 용기를 갈망하기 때문입니다. 그러나 어른들로부터 착한 아이로 칭찬받고 싶은 마음도 여전히 남아 있습니다. 그것을 높은 가치로 평가받아 온 아이일수록 내면의 괴로움은 더 커집니다. 자신이 다른 아이들에 비해 용감하지 못하고 떳떳하지 못하다는 느낌을 받습니다. 이는 장기적인 자신감 하락을 불러옵니다.

부모의 착한 아이 콤플렉스는 아이가 다른 사람에게 인정받기를 바라는 마음으로 표출됩니다. 아이가 인정받기를 원하는 것은 부모의 자연스러운 감정입니다. 그러나 정도가 지나치면 아이가 불합리한 상황에 처해 그로 인해 고통받는 것을 알면서도 아이의 편에서 돕는 대신 아이가 참고 적응하기를 바랍니다. 왜 그럴까요?

첫째, 부모가 갖고 있는 학교에 대한 고정관념 때문입니다. 아직도 많은 부모들은 학교를 수직적이고 수동적인 공간이라 생각하고 있습니다. 학교라는 공간은 '원래 그런 곳'이지 서로를 존중하며 배우고 격려하는 공간이라는 생각을 하지 못하는 것입니다. 이런 부모들은 아이가 교사나 주변 친구들과 갈등을 일으키면 '반항적인 학생'으로 낙

인이 찍힐 것만 걱정합니다.

둘째, 부모는 자신이 경험한 교사들에 대한 불신을 갖고 있습니다. 부모들 역시 한때는 학생이었습니다. 학교에 대한 좋은 기억이 없고 부정적인 인식을 가지고 있는 부모들일수록 교사를 믿지 않습니다. 교사와 대화가 가능하다거나, 원활히 문제를 해결할 수 있으리라는 기대 자체를 품지 않습니다.

아이의 입장을 이해하고 안타깝게 여기지만 아이가 교사와 충돌하지 않고 무난하게 지내기만을 바랍니다. 더 나아가 이런 일을 디딤돌 삼아 아이가 감정을 참고 조절할 수 있는 처세 능력을 갖추기를 바라기도 합니다. 아이가 상처받는 것보다 까다로운 윗사람과 잘 지낼 수 있는 처세 능력이 더 중요하다고 판단하는 것입니다.

정작 당사자인 아이 입장에서는 이런 부모의 의견에 동의할 수 없습니다. 아이들의 입장에서 자신에게 부당한 대우를 하는 사람에게 '맞추려' 드는 것은 기만이고 이중적인 태도로 보일 뿐입니다. 이런 상황에 처한 아이들은 부당한 행동에 대해 저항하지 못하고 참고 적응하며 지내려는 자신이 비겁하고 못났다는 생각에 휩싸이고, 자존감과 자부심이 깎여 나갑니다.

또한 이런 태도는 또래 집단에서는 배척받는 원인이 됩니다. 학창 시절, 교사들과 친밀한 아이들이 또래 친구들에게는 미움받는 모습을 본 적 없습니까? 이 시기 아이들은 어른들과 타협하는 행위에 대한 거부감이 있기 때문에 부당한 교사의 행동에 그저 적응하려고만 하는 친구에게도 비슷한 거부감을 느낍니다. 배척받는 아이는 친구들의 이해를 구하기 위해 자신을 굽히고 변명하는 심리적 과정을 거치게 됩니다. 이 과정에서 또 한 번 자부심이 깎입니다.

때때로 아이들은 집에 돌아와 학교에서 있었던 일들에 대해 하소연을 늘어놓습니다. 여름에는 "교무실은 에어컨 팡팡 틀면서 교실에서는 그렇지 않아 더워 죽겠다"라고 불평을 하고, 겨울에는 반대로 교실이 춥다고 불평을 합니다.

이럴 때 "너는 왜 그리 불평이 많냐", "학교는 원래 그런 곳이다"라는 식으로 반응하면 작은 일을 크게 키우는 꼴입니다. 불편에 대한 하소연은 가벼운 공감의 제스처만으로도 쉽게 풀립니다. "힘들었겠네"라는 말로 시작해 "내가 학교에 건의 좀 할까?" 또는 "다음 학부모 모임에서 이야기해 볼게" 정도로 답만 해 주어도 아이는 든든한 기분을 느낍니다. 아이가 학교에 대한 불평을 말하기 시작하면 차단하기보다는 "그렇구나", "그래서 어떡했어?" 정도의 대응을 하며 좀 더 많이 이야기할 수 있도록 들어 주는 태도가 필요합니다.

부모들이 특히 대처하기 까다로워하는 문제는 아이가 교사와 갈등을 일으켰을 때입니다. 급식이나 냉난방 등의 문제야 적당히 넘어갈 수도, 고칠 수도 있다지만 이 문제는 그리 쉽지 않아 보입니다. 이때 가장 해서는 안 되는 일이 "네가 참고 잘 지내 보라"는 식으로 아이의 고통을 외면하는 것입니다. 친구들은 그 선생님에 대해 어떻게 생각하는지 물어보라거나, 문제가 심각해지면 직접 건의해 보겠다는 이야기 등을 통해 일단 가능성을 열어 두어야 합니다. 청소년기 아이들은 학교 문제에 부모가 직접적으로 개입하기를 진심으로는 원치 않는 경우가 많기 때문에 부모가 자신의 편을 들어 줬다는 것만으로도 안심하고 스스로 답을 찾아갑니다.

한 강의에서 이런 질문을 받은 적이 있습니다.

> "아이가 중학생인데요. 특정 과목 선생님과 사이가 나쁘다고 매일 호소해요. 아이에게 참고 적응하라고 타일러 보기도 했는데 계속 힘들어하네요. 어떻게 도와줄 수 있을까요?"
>
> "다른 선생님과는 어떤가요?"
>
> "다른 과목 선생님들과는 잘 지낸대요. 그 과목 선생님 시간에만 유난히 혼도 나고 그 선생님과 자기가 잘 안 맞는 것 같다고 하더라고요."
>
> "괜찮습니다. 그럴 수도 있지요."
>
> "네?"
>
> "혹시 어머니께서는 아이가 모든 선생님들에게 칭찬받는 아이가 되기를 바라시나요?"
>
> "가급적이면 두루 잘 지냈으면 좋겠어요. 어떤 한 선생님에게 찍

히면 학교 안에서 평판이 안 좋아질 수도 있잖아요."

다른 학부모들에게 물어보니 여러 사람들이 "아이가 모든 선생님들에게 두루 칭찬받고 예쁨받기를 바란다"고 대답하였습니다. 나는 딱 잘라서 말했습니다.

"평판보다 아이의 감정이 중요합니다. 아이에게 교사의 눈치를 보고 교사에게 맞추며 관계를 호전시키라고 하기보다는, 차라리 세상에는 다양한 사람들이 있으며 같은 행동을 해도 너를 좋아하는 사람과 싫어하는 사람이 모두 있을 수 있다는 점을 말씀해 주시면 좋겠습니다. 정말로 교사가 아이를 싫어하는지 어떤지 확신할 수는 없습니다. 단순히 기분 문제이거나 우연일 수도 있습니다. 이때 우선 중요한 것은, 아이에게 네가 노력해서 교사에게 좋은 인상을 주라고 강요하지 않는 것입니다. 그리고 설령 아이가 교사와 트러블이 생겼다 하더라도 부모인 우리는 너를 지지한다는 의사를 보여 주는 것입니다. 문제를 해결할 방법도 그것을 전제로 찾아보아야 합니다. 친구들은 그 선생님에 대해, 그리고 아이와 그 선생님의 관계에 대해 어떻게 느끼는지도 물어보고 여러 사람들이 느낄 정도로 객관적으로 불합리한 점이 있으면 함께 선생님에게 건의를 해 보자고 격려해 주면 좋겠습니다."

남의 평판보다 나의 감정을 중시하는 태도는 아이의 행복뿐 아니라 부모 자신의 행복을 위해서도 필요합니다. 우리는 왜 남의 평판에 이렇게 신경 쓰는 사람이 되었을까요? 왜 어른이 되고 부모가 되어서도 부당한 상황에서 "아니오"라고 하기보다는 그저 참고, 내 아이도 참고 견디기를 바라는 사람이 되었을까요?

자기 자신에게 질문을 던져 보십시오. 내 안의 착한 아이 콤플렉스를 아이에게도 물려주고 싶은지 곰곰이 생각해 볼 필요가 있습니다.

✶ 왜 아이의 실패를 받아들이지 못하는가

앞에서 나는 아이의 실패와 실수를 받아들이라고 조언했습니다. 그러나 어떤 사람들은 여전히 인간 내면의 회복 탄력성을 믿기보다는 실패를 딛고 성공한 경우를 단순한 운으로 여기거나, 아이가 걱정이 되어 도저히 그럴 수는 없다고 생각할 것입니다.

그렇다면 부모인 나 자신부터 돌아봅시다. 나는 왜 아이의 실패나 실수를 받아들이지 못할까요? 크게는 아이의 시험 점수나 진로 결정, 작게는 아이가 어떤 친구와 어울리고 어떤 방과 후 활동을 선택하는지 등 다양한 부분에서 부모는 기대와 우려를 동시에 하고, 아이가 기대만큼의 결과를 내지 못하면 실망합니다.

실수와 실패를 하는 당사자는 아이입니다. 그런데 실패가 반복되면 먼저 인내심을 잃는 사람은 당사자인 아이가 아니라 부모일 때가 많습니다. 부모가 인내심을 잃고 아이에게 실망감을 표출하기 시작하면 아이는 부모가 더 이상 저를 믿지 않고, 나아가 자신을 포기했다고 생각하게 됩니다. 이는 아이의 자존감과 자신감을 크게 떨어뜨리고 회복 탄력성의 성장 역시 방해합니다.

"네가 이것밖에 못할 줄 몰랐다."

"하고 싶다고 해서 시작했으면 똑 부러지게 잘해야지."

"이렇게밖에 못할 거면 그만하는 게 낫지 않겠어?"

이런 말들을 들을 때마다 아이들은 자기 자신에 대한 믿음을 잃습니다. 사람은 나이가 들고 자아가 발달하며 자기 자신의 능력을 의심하게 됩니다. 사춘기는 자신에 대한 의심이 시작되는 시기이기 때문에 어느 때보다 외부의 신뢰를 원합니다.

그런데 학생들과 이야기를 나누어 보면 이 시기 아이들이 자신을 가장 먼저 포기했다고 느끼는 사람들은 교사나 친구가 아니라 부모입니다. 부모에게 포기당했다는 기분을 느끼는 아이가 자기 자신을 사랑하기 위해서는 남들보다 훨씬 많은 노력이 필요합니다. 부모가 포기하지 않고 아이에게 꾸준한 사랑과 지지를 표명해야 아이는 실수나 실패에도 꺾이지 않고 성장할 수 있습니다.

아이의 실수나 실패를 받아들이지 못하고 질책하게 되는 이유가 정말 미래에 대한 걱정 때문일까요? 왜 정작 실패한 아이보다 부모인 내가 느끼는 실망이나 좌절감이 더 클까요? 혹시 아이에게 나 자신의 꿈이나 욕망을 맡기고 있어서는 아닌지, 다른 사람의 평판이나 나의 체면 때문은 아닌지 깊게 생각해 보아야 합니다.

나는 몇 년 전 해외로 교육 연수를 떠났다가 7개월 된 아이를 두고 연수를 온 한 젊은 여성 교사를 만났습니다. 너무나 오고 싶은 연수였기에 힘들게 아이를 떼어 놓고 온 그 교사는 여러 사람에게 "갓난아이를 두고 엄마가 어떻게 그럴 수가 있냐"는 타박을 듣고 조금 의기소침해져 있었습니다. 나는 그녀에게 이렇게 말해 주었습니다.

> "선생님은 아주 좋은 엄마가 될 겁니다. 선생님은 선생님이 하고 싶은 일을 아이에게 떠넘기기거나 대리 만족을 하려 하지 않을 테니까요. 아이를 떼어 놓고 선생님이 하고 싶은 일을 하면 했지, 아이에게 선생님이 하고 싶은 일을 대신 하게 시키지는 않을 거 아닙니까?"

부모로서 아이의 성과에 공감하며 기쁨을 얻고 싶다면 아이의 실패에도 그렇게 해야만 합니다. 아이가 잘할 때는 자기 일처럼 함께 기뻐하면서 아이가 못할 때는 함께 슬퍼하고 다독이며 내면의 상처를 회복하려 하기보다 타인의 입장이 되어 비난하고 있지는 않은지요. 이는 어찌 보면 상황에서 도피하는 비겁한 태도입니다.

노력해도 잘되지 않을 수도 있습니다. 잘못된 선택을 할 수도 있습니다. 어릴 때는 흥미의 범위가 넓어 이것저것을 해 보고 싶어 합니다. 그러다가 막상 하다 보면 질리기도 하고, 자신에게 재능이 없다는 걸 깨닫기도 합니다. 그때 부모가 먼저 실망을 표하고 아이를 포기하는 듯 행동하면 아이의 경험은 제대로 성장의 동력이 되지 못하고 스러지는 셈입니다. 한 번 열심히 노력해 본 경험을 바탕으로 다른 분야에서 재능을 꽃피우고 성과를 이룰지도 모르는데, 자신에게 향하는 실망이나 질책이 두려워 용기를 내기 어려워지는 것입니다.

아이의 실수나 실패는 어른의 그것과는 다른 대우를 받아야 합니다. 성인이 될 때까지는 1차적으로 믿음부터 표현하는 것이 중요합니다. 아이에게 자유롭고 폭넓게 운신할 수 있는 공간을 만들어 줄 필요가 있습니다.

나와 아이가 다름을 받아들이기

✶ 감정의 존재를 인정하기

"제가 화를 낼 때마다 엄마는 저한테 화를 내요."

"왜?"

"그냥 참고 넘어가래요. 그런 사소한 일로 화를 내면서 험한 세상을 어떻게 살아가겠냐고 해요. 화낸다고 해결될 일이 아니라고요. 그런데 화내지 말라는 말을 들으면 더 화가 나요."

"그러면 어떻게 해 줬으면 좋겠어?"

"화가 나는데 어떡해요. 화가 나는 이유가 있어서 화가 나는 건데, 화가 났을 때만이라도 위로 좀 해 줬으면 좋겠어요. 화를 내야 하는 일인지 아닌지 따지거나 태도가 안 좋다는 말은 나중에 하고요."

아이들은 부모가 기쁨이나 즐거움 등의 감정에는 동조해 주지만 분노나 슬픔 등의 감정을 드러냈을 때는 거부당하는 경우가 많다고 하소연을 합니다.

우리는 감정 표현을 금기시하는 문화에서 살아왔습니다. 그리고 감정을 긍정적 감정과 부정적 감정으로 나누어서 대응하는 경향이 있습니다. 기쁨이나 고마움 등 긍정적인 감정을 나누는 것은 권유되어 왔지만 슬픔, 분노, 원망 등 부정적인 감정은 스스로 알아서 처리하거나 감추어야 한다고 생각하는 것입니다. 때문에 아이에게도 후자의 감정을 감추라고 교육합니다.

이런 분위기 속에서 감정을 솔직하게 표현하는 것은 쉽지 않습니다. 감정을 존중받지 못한다고 생각하기 때문에 숨기는 데 급급하고, 그러다 보면 인간관계에 악영향을 끼치거나 본인의 정신을 해치기도 합니다. 남들 앞에서 숨긴다고 해서 감정이 내 안에서 사라지는 것은 아니기 때문입니다.

감정을 억누르는 데만 집중하다 보면 자신이 어떤 감정을 느끼고 있는지 파악하기 어려워집니다. 인간이 감정을 느끼는 것은 자연스러운 것이지만 개개의 감정을 스스로 파악하기 위해서는 꾸준한 학습이 필요합니다. 그러기 위해서는 자신의 감정을 적절히 표현하고 관찰하는 연습을 해야 합니다. 하지만 한국 사회는 이러한 감정 교육을 등한시하고 있습니다.

자신이 인식한 감정을 정확하고 단호하게 말로 표현할 수 있으면 그것만으로도 많은 부정적 감정들이 해소됩니다. 감정을 통제하지 못해 무턱대고 소리를 지르며 화를 내는 것, 참고 있던 감정을 비이성적으로 폭발시키는 것은 제대로 된 표현이 아닙니다. 감정을 적절히 표현하는 연습을 해야 이러한 감정의 폭발도 조절할 수 있습니다.

묵은 감정을 끌어안고 있는 데도 정신적인 에너지가 소모됩니다. 감정을 올바르게 해소해야 새로운 상황에 적응할 수 있으며 새로운 사고도 할 수 있게 됩니다. 자신의 감정을 회피하지 않고 잘 파악하는 사람은 다른 사람의 감정에 대해서도 더 쉽고 폭넓게 공감할 수 있습니다.

아이들은 즉각적이고 직접적으로 감정을 표현합니다. 특히 청소년 시기는 더욱 그렇습니다. 많은 어른들은 거침없이 자신의 생각과 느낌을 말하는 아이에게 올바른 감정 표현 방법을 가르쳐 주는 대신 자꾸만 감정을 억누르라고만 합니다. 이는 어른들 스스로가 '감정'을 감추어야만 하는 것이라 생각하고 있기 때문입니다.

지금 아이를 키우는 사람들은 대부분 어렸을 적 부모에게 꾸중이나 잔소리를 들어도 묵묵부답으로 화를 삭이며 살아왔던 세대입니다. 그러나 요즘 아이들은 부모가 한두 마디만 해도 일방적이다, 왜 강요를 하냐며 따져 듭니다. 고분고분 부모의 의견에 따라와 주지 않습니다. 나쁘게 보면 부모에게 반항한다고 생각할 수 있지만, 좋게 보면 그만큼 자기 주장이 강하고 감정을 소중히 여긴다고도 볼 수 있습니다.

아무리 숨기고 부정해도 감정은 내 안에 존재합니다. 감정의 유무는 인간과 기계의 가장 큰 차이이기도 합니다. 인간으로서의 힘을 키우는 미래 교육에 감정을 드러내지 말라는 말이 유효할 수 있을까요? 그보다는 감정의 존재를 인정하고, 그 감정을 어떻게 조절하고 적절히 표현할 것인지를 가르쳐주는 것이 어른들의 역할입니다.

그러기 위해서는 먼저 부모가 자기 안의 감정을 들여다보아야 합니다. 혹시 내가 어린 시절, 부모에게 솔직하게 표현하지 못하고 억눌렀던 화와 슬픔, 억울함을 내 아이에게 똑같은 억압으로 표출하고 있는 것은 아닌지 자기 자신을 되돌아봅시다.

✶반대 의견 존중하기

착한 아이 콤플렉스, 감정 외면 등의 고질적인 문제는 아빠보다 엄마에게 더 자주, 많이 드러납니다. 이는 우리 사회가 남자보다 여자에게 더 많은 자기 검열을 요구하기 때문일 것입니다. 또한 우리 사회는 아빠보다는 엄마에게 더 많은 자기 양육과 교육의 책임을 묻습니다. 자연스럽게 아빠와 아이보다는 엄마와 아이가 더 많은 갈등 상황에 노출됩니다.

아이에게 존중받지 못한다는 느낌을 받는 엄마들이 많습니다. 상처받았다고 말하는 사람들도 있습니다. 아빠한테는 말대답도 안 하고 고분고분하면서 엄마에게는 무슨 말만 하면 "싫은데요", "나는 생각이 달라요" 같은 말로 받아친다는 것입니다. 아이의 의견을 존중해 주어야겠다고 생각하다가도 아이가 삐딱한 태도로 나오면 무시당하는 기분이 든다고 호소합니다. 물론 아빠들 중에서도 비슷한 고충을 토로하는 사람들이 있습니다. 어떤 부모들은 나는 부모에게 그렇게 대놓고 반대 의견을 말한 적이 없는데, 아이는 어디서 보고 배웠는지 모르겠다고도 합니다.

그런데 막상 아이들과 이야기를 해 보면 저는 참고 참다가 한마디를 한 것인데 혼을 낸다고 하소연을 합니다. 자기와 부모님의 의견이 다를 수도 있는데, 솔직히 말하라고 해 놓고는 솔직하게 말하면 버릇없이 군다며 혼을 낸다는 것입니다. 아이들은 이런 점을 억울하게 생각하는 경향이 있습니다. 그리고 아빠보다는 엄마가 가깝게 느껴지고, 엄마는 그래도 늘 자기 편이라고 생각하기 때문에 좀 더 마음속 생각을 솔직하게 표현하는 것이라고 대답합니다.

여성가족부와 통계청에서는 해마다 청소년 관련 통계 자료를 발표합니다. 「2017 청소년 통계」에서는 2016년에 조사한 청소년들의 의식과 가치관에 대한 여러 가지 결과를 분석, 발표했습니다. 그중 청소년들의 인권 의식을 살펴볼 수 있는 세 가지 질문에 대한 조사 결과를 살펴보겠습니다.

초등학생 4~6학년과 중고등학생을 대상으로 조사한 결과, 94.7%의 청소년들이 모든 사람들은 의견을 자유롭게 표현할 수 있는 권리를 가져야 한다고 응답했으며, 남학생(92.6%)보다 여학생(96.9%)이 더 높은 비율을 보였습니다. 청소년은 결정 능력이 부족하기 때문에 부모나 교사의 생각에 따라야 한다는 생각에 그렇지 않다고 응답한 학생들은 70.4%였습니다. 청소년이 사회 문제나 정치 문제에 관심을 갖고 참여할 필요가 있다고 생각하는 청소년들은 83.9%였으며, 남학생(79.9%)보다 여학생(88.1%) 비율이 더 높게 나타났습니다.•

이 통계 자료를 통해서 우리는 청소년들의 권리 의식이 매우 높다는 사실을 알 수 있습니다. 그러나 청소년들이 자신의 의견을 표현했을 때, 한국의 어른들은 그다지 호의적이거나 허용적인 태도를 보여주지는 않습니다.

이와 관련하여 2017년 여름 인천의 모 중학교에서 1학년 학생들이 주변의 같은 학년 남녀학생 300명을 대상으로 조사하여 발표한 내용을 살펴보겠습니다. 이 학생들은 청소년들이 어른들의 의견에 반대하는 의사를 표현했을 때, 어른들은 어떤 반응을 보이는지에 대해 조사했습니다.

• 「2017 청소년 통계」, 통계청과 여성가족부, 2017.4.

어른의 의견과 다른 말을 했을 때, 가장 많이 듣는 말은?

1) 화를 내거나 무시하는 말 50%

2) 미안해하는 말 20%

3) 걱정하는 말 20%

4) 존중하는 말 10%

1번의 항목에서 가장 듣고 싶은 말의 항목을 찾으면?

- '존중하는 말'이라는 답변이 90% 이상.

화를 내거나 무시하는 말이란 예를 들자면 어떤 말인가?

- 너는 참견 마라, 쓸데없는 데 신경 쓰지 마라, 들어가서 공부나 해라, 어린 게 뭘 알아, 네 할 일이나 잘해라, 끼어들지 마라, 나서지 마라, 가만히 있어라 등.

부모와 자녀 간에 의견이 다른 경우, 아이들은 반대 의견을 피력하기보다는 참고 넘어가는 경우가 많다고 합니다. 부모님이 화를 낼까 봐 겁이 나기 때문이라고도 하고, 어차피 말해 봤자 분위기만 나빠지며 받아들여지지 않을 것이 뻔하기 때문이라고도 합니다. 부모 자식 관계에서 평화가 유지되는 것은 의외로 아이들이 이해와 양보를 하기 때문이기도 한 것입니다.

이 설문을 조사하여 발표하는 과정에서 학생들과 많은 이야기를 나눌 수 있었습니다. 아이들 입장에서 가정은 강자와 약자가 공존하는 공간입니다. 부모는 자녀들이 가정의 강자이며 자신들이 눈치 보며 산다고 합니다. 그러나 아이들은 가정에서의 권력은 나이 순서대로라고 대답합니다. 또 경제적 수입 여부에 의해 권력과 지위가 결정된다고 생각하기도 합니다. 부모님과 소통이 잘 되고 있다고 응답한 아이들 중에서도 중요한 문제는 부모님이 결정하고, 비교적 작은 문제들에 대해서만 자기들의 의견을 들어 준다고 합니다.

뉴스나 신문 기사를 생각해 봅시다. 청년들에 대한 기사가 쏟아집니다. 한국의 청년들에게 자신감을 가지라고, 자기 의견을 당당하게 개진할 수 있어야 한다고, 그렇게 해서 글로벌 인재가 되어야 한다고 말합니다.

자신감 있게 의견을 개진하는 인재는 갑자기 하늘에서 떨어지는 것일까요? 어른들에게 자기 의견을 이야기하면 말대답한다, 버릇없다는 이야기만 들으며 자란 아이들이 성인이 되는 순간 다른 사람이 될 수는 없습니다. 내 아이가 어디서든 똑똑하게 자기 몫을 하고 자신감 있게 행동하기를 바란다면 반대 의견을 말하는 아이의 목소리에 귀를 기울여야 합니다. 그리고 이런 아이의 태도에 '건방지다', '나를 무시한다', '상처받았다'라는 감상을 가지지 않기 위해서는 부모의 공감 능력이 먼저 성장해야 합니다.

부모와 아이가 많이 다투는 문제 중 하나가 진로 문제입니다. 부모는 아이의 생계와 직업을 위한 준비 과정으로서 교과 공부하는 것을 중요하게 여기고, 아이들은 지금 당장 원하는 일을 하고 싶어 하기 때문입니다.

하루는 동규라는 아이가 엄마와 싸워서 밥을 못 먹어 배가 고프다며 투덜거렸습니다. 왜 싸웠냐 물어보니 동규는 연극을 하고 싶은데 엄마가 못하게 한다는 것입니다.

"학원 하나 끊고 연극반 들어가고 싶다고 했는데요. 그랬더니 엄마가 '연극해서 밥 먹고 살겠냐?'며 화를 내잖아요."

"그래서?"

"엄마한테 밥 먹여 달라고 안 한다고 했어요. 그리고 학급 연극제 준비할 때, 내가 연출을 맡아서 진행도 잘했고 재미있었다고도 했고요. 그런데 엄마는 반에서 하는 연극 한 번 했다고 그 길로 가서 성공할 수 있다고 착각해서 오버하지 말래요."

"속상했겠네."

"성공하든 안 하든 내 인생은 내가 알아서 할 거니까 엄마가 상관하지 말라고 했어요."

"너는 진심으로 앞으로 연극하고 싶어?"

"아직은 잘 모르겠어요. 그냥 해 보니까 재미있어서 연극반에 들어가고 싶어요. 그런데 학원 시간이 안 맞아서 못하니까 한 개만 끊겠다고 한 건데……."

동규의 엄마는 동규가 괜히 연극을 한 번 했다가 변했다며 화를 냈습니다. 또 연극반에 들어갔다가 성적이 떨어질까 봐 걱정이 많았습니다. 연극반에 들어가겠다고 학원을 끊는 건 잘못이라는 게 동규 엄마의 생각입니다.

아이의 진로 문제를 삶 전체의 문제로 바라보지 않고 미래의 직업 선택을 위한 과정으로만 바라보기 때문에 지금 아이가 하고 싶은 일을 허용하지 못하는 것입니다. 동규 엄마가 한 말을 바탕으로 교육적 관점을 살펴보겠습니다.

동규 엄마는 아이가 짜인 시간표에 맞춰 학원을 다니고 공부를 하면 성공할 수 있다고 생각합니다. 청소년기의 복잡한 성장 원리를 고려하지 않고 있으며, 아이의 생활을 아이 스스로 결정할 수 있다는 중요한 사실을 부정하고 있습니다. 나아가서 연극을 배우고 싶다는 말에 "연극해서 밥 먹고 살겠냐?"는 비난으로 대응하는 태도는 아이를 압박하기 위한 논리적 비약입니다. 논리적 비약은 누구도 설득할 수 없기 때문에 아이와 엄마 사이를 멀어지게 하고 갈등을 일으키는 원인이 됩니다.

앞에서 예술 감수성이 청소년들의 삶에 다양한 활력을 주고, 실제 어학과 수학 등 교과목의 학습 능력을 높이는 데도 긍정적으로 작용한다는 사실을 살펴보았습니다. 무엇보다도 부모는 아이의 삶을 돕고 지원하는 사람일 뿐, 아이의 삶을 대신 결정해 주는 사람도, 살아 주는 사람도 아니라는 사실을 정확하게 인식하고 실천해야 합니다. 부모 스스로 변해야 합니다.

이러한 인식을 바탕으로, 아이의 의견에 대해서 무조건 반대하기보다는 더 많은 이야기를 나누고 아이의 생각을 존중하려고 노력해야 합니다. "요즘 연극이 재미있니?", "다른 공부와 같이 병행하려면 어떻게 시간을 조절할 수 있을까?" 등 새로운 관심사에 함께 흥미를 표현하면서 함께 논의하는 단계가 필요합니다. 이때 아이를 믿고 있다는 점을 전달하면 더욱 좋습니다.

설령 부모의 의견이 명백히 옳더라도 중차대하고 시급한 문제가 아니라면 자녀의 반대 의견을 허용하며 대화하는 여유를 가지십시오. 어떤 사안에 대해 아이가 부모와 다른 의견을 말한다고 해서 결과가 잘못되는 것은 아닙니다. 부모가 생각하는 옳은 방향으로 아이를 끌고 가는 것보다 더욱 중요한 것은 아이가 넓은 시야를 갖추고, 자기 스스로 바람직한 방향으로 삶을 인도하고 결정할 수 있는 능력을 기르는 것입니다.

반대 의견을 들어 주는 것만으로도 대화의 폭이 넓어지고, 아이는 편안하고 온화하게 자신의 논리를 발전시킬 수 있습니다. 대화는 타인의 생각을 고려하는 동시에 자기 생각을 확장시킵니다. 이런 과정을 반복하며 어디서든, 누구와든 차근차근 자신의 의견을 개진하며 이야기를 나눌 수 있는 용기도 생깁니다.

이런 대화 습관이 들게 되면 자연스럽게 다른 사람의 반론에도 귀를 기울이게 됩니다. 자신과 반대되는 의견을 듣고도 "솔직하게 말해줘서 고맙다"라고 말할 수 있는 여유 있는 사람이 됩니다. 다른 의견에 귀를 기울이면서 자신의 생각을 넓히고, 상대방과 협력할 수 있는 지점을 찾아냅니다.

반대 의견 말하기를 어릴 때부터 연습하지 않으면 어른이 되어서도 자신에게 반론하는 사람에게 반감을 갖거나 화를 낼 확률이 높습니다. 이런 사람은 정상적인 토론이 불가능합니다. 찬반을 논리의 영역이 아니라 감정의 영역으로 받아들이기 때문입니다.

세계가 좁아지고 의사소통 속도는 점점 빨라지고 있습니다. 아이들은 앞으로 매우 다양한 사람들을 만나게 될 것입니다. 지역과 국경을 넘어 갖가지 문화를 가진 사람들을 만나고, 다른 가치관을 가진 사람들과 일하며 살아가게 될 것입니다. 공존의 사회에서 경청과 협력은 더 이상 어떤 '예의'나 '미덕'이 아니라 필수적인 기술이며 생존 능력입니다.

부모와 아이, 함께 인간으로서 성장하기

집 안에서 하는 미래 교육

★ 축제는 언제든 열 수 있다

어느 종례 시간이었습니다. 작은 바구니에 젤리를 듬뿍 담아 교실로 들어갔습니다. 들어가자마자 노래를 불렀습니다.

> "축하합니다. 축하합니다."
>
> "선생님, 오늘 무슨 날이에요?"
>
> "응. 우리 학급 친구들과 만난 지 50일 되는 날이에요."
>
> "아이, 뭐예요."
>
> "얘들 좀 봐. 아니 이성친구끼리 사귀면 50일, 100일 다 챙기면서 반 친구들 만난 기념일은 챙기면 안 되나요?"

"그럼 학급 친구 100일 기념도 하실 거예요?"

"까짓 거 하자. 재미있게 축하 공연도 하고."

이 짧은 대화가 도화선이 되어 이 해 내가 담임을 맡은 반은 실제로 친구들과 만난 100일, 200일, 300일 기념 파티를 했습니다. 학급 파티 준비 위원회는 아이들을 네 개의 모둠으로 나누었고, 각 모둠에서는 행사를 준비했습니다.

아이들은 무척 좋아했습니다. 계속되는 파티에는 춤과 노래와 간단한 음식이 매번 등장했습니다. 생일 잔치를 포함한 각종 축제들은 모둠별로 돌아가면서 준비를 하기 때문에 모든 아이들이 한 번 이상 학급 무대에서 축제를 준비하는 역할을 맡게 되고, 춤을 추거나 노래를 부르는 문화 예술 활동에 참여하게 됩니다. 준비에 걸리는 시간에 대해서도 미리 논의하고 공지해 효율적으로 시간을 배분하고 준비 시간을 잘 지키는 것도 축제를 즐기기 위한 필수 요소입니다.

1년 동안 각종 축제를 열면서 깨달은 점은 모든 아이들은 자신이 주인공인 무대를 꼼꼼히 준비한다는 것, 그리고 각각 새로운 감동을 준다는 사실입니다. 기회가 주어지면 아이들은 누구나 주인공이 될 준비가 되어 있습니다. 다만 어른들이 그 무대를 시험이나 몇몇 대회 정도로 좁혀 놓았을 뿐입니다.

따라서 학교나 가정에서 아이들을 위한 축제를 준비할 때 중요한 것은 고루 역할을 부여하는 것입니다. 예전의 학교에서는 축제나 행사가 있을 때도 공부를 잘하는 아이, 글을 잘 쓰거나 그림을 잘 그려서 상을 받는 아이, 전공을 위해 음악이나 춤 등을 배우는 아이 등 어른들의 기준에 따른 소수의 '특출난' 아이들만이 능동적으로 참여할 수 있는 경우가 많았습니다.

역할은 만들기 나름입니다. 내가 담임을 맡았던 반은 생일 파티를 위해 학급 인원 전원이 서로의 비밀 천사를 뽑았고, 따라서 학생들 모두가 한 번은 비밀 천사 역할을 수행해야 했습니다. 친구의 생일 축하 파티를 준비하기 위해 각 천사들은 매번 그 나름대로 최선을 다했고, 그래서 생일 파티는 늘 감동적일 수 있었습니다.

학생들은 축제를 통해서 자신이 주인공이 되어 보기도 하고 친구에 대한 애정을 표현하기 위한 작품을 만들면서 보람을 느끼며 기뻐합니다. 요즘은 모든 학교에서 해마다 축제를 벌이는데, 춤과 노래가 중심이 되는 축제도 있으며 한 학기 동안 배운 동아리 활동을 소개하는 축제도 있습니다. 아이들은 작은 계기만 있어도 기념하고 축제를 벌이기를 좋아합니다. 이것을 놓고 그저 '공부는 하지 않고 놀기만 좋아한다'라고만 본다면 무척 단순한 생각입니다.

아이들의 축제가 아름다운 이유는 다양한 방면에서 영웅들이 나타나기 때문입니다. 공부를 잘하지 않아도, 힘이 세지 않아도, 외모가 훌륭하지 않아도 다양한 무대가 준비되면 아이들은 누구나 반짝일 수 있습니다. 대단한 준비물이 필요한 것도 아닙니다. 축제를 벌일 명분과 모둠별 역할, 약간의 다과비만 마련해 주어도 아이들은 스스로 푸릇푸릇한 에너지가 가득한 축제를 만들어 냅니다.

✶ 가족의 축제

학교에서뿐만 아니라 가족끼리도 의미 있는 날들을 정해 즐거운 시간을 자주 갖는 것이 필요합니다. 가족 구성원의 생일일 때는 그 사람이 원하는 문화 활동을 함께하는 것도 좋습니다. 생일 당사자가 보고 싶어 하는 영화나 연극을 함께 본다면 소홀해지기 쉬운 가족 문화 활동을 정기적으로 가질 수 있습니다.

결혼 기념일뿐 아니라 부모가 처음으로 사귀기 시작한 날, 처음 만난 날 등을 기념하며 특별 용돈을 지급하면 아이들이 무척 좋아합니다. 아이들에게 축하곡을 선정해 달라고 청해 함께 듣는 것도 재미있습니다. 무엇이든 더 많이 축하하고, 아이들에게도 축하를 요청하십시오. 조부모의 생일 등 집안 행사를 모두 함께 참여하여 준비하는 것도 좋은 방법입니다.

생일은 물론 아이가 처음으로 초등학교, 중학교에 입학한 날을 축하하며 외식을 할 수도 있습니다. 축하하고자 마음먹으면 명분은 만들기 나름입니다.

늘 기쁜 일만 기념할 필요는 없습니다. 나와 남편은 부모의 실수를 사과하기 위해 일종의 기념일을 정하기도 합니다. 첫째 아이가 초등학교에 입학할 때, 우리 부부는 둘 모두 입학식에 참여해 아이를 축하해 주었습니다. 그런데 둘째 아이의 입학식 날에는 그만 날짜를 착각하는 바람에 크게 지각을 해 버렸습니다. 둘째 아이에게 사과했지만 쉽게 기분이 풀릴 리가 없었습니다.

그래서 우리는 한동안 이 날을 둘째 아이에게 저지른 실수를 사과하는 날로 정하여 해마다 맛있는 것을 먹고 실수를 돌아보며 사과했습니다. 이런 과정을 거치며 한때는 속상하고 슬펐던 일도 원망스럽거나 서운한 일이 아니라 하나의 해프닝 정도로 기억하게 되었습니다.

✶상상력은 나누면 커진다

아이들의 상상력이 풍부하다는 것은 우리 모두 알고 있는 사실입니다. 그러나 쉽게 잊혀지는 또 한 가지 사실이 있는데 아이들은 자신의 상상이나 감동을 가까운 사람들과 함께 나누고 싶어 한다는 사실입니다. 아이들은 자신이 재미있게 본 영화, 만화, 책, 텔레비전 프로그램 등 가릴 것 없이 가족들이나 친구들과 함께 나누고 싶어 합니다. 연예인도 혼자 좋아하기보다는 여럿이 함께 팬클럽 활동을 하기를 즐깁니다. 부모를 포함한 어른들이 자신이 좋아하는 것이 관심을 보이면 뿌

듯함을 느끼기까지 합니다.

아이들이 좋아하는 가수의 음악을 함께 듣는 시간을 갖고, 아이들이 좋아하는 영화나 애니메이션 등도 함께 보며 함께 화제로 삼아 보십시오. 텔레비전을 보다가 아이가 좋아하는 연예인이 나오면 아이를 불러 함께 보는 것도 좋습니다. 한번은 아이들이 좋아하는 가수의 공연에 온 가족이 큰마음을 먹고 함께 갔던 적이 있었습니다. 공연이 끝나고 아이들은 사인을 받고 싶어 했지만 사람이 많아서 엄두를 내지 못했습니다. 그런데 남편이 무대 뒤로 가 기다렸다가 그의 사인을 받아 왔습니다. 아이들은 너무나 기뻐하며 그 사인을 신주단지 모시듯이 소중하게 보관했고, 두고두고 아빠의 정성 어린 활약을 회상하며 고마워했습니다. 사인까지는 받지 못하더라도, 아이가 좋아하는 대상에 함께 관심을 기울이는 것만으로도 아이들은 진심으로 기뻐합니다.

청소년들 사이에서는 가수나 연예인을 좋아하고 그와 관련된 정보를 모으는 아이를 '덕후'라고 합니다. 일본어 '오타쿠'에서 나온 말로 한 가지 일에 몰두하는 사람을 뜻합니다. 보통 부모는 아이가 뭔가 한 가지에 열광하고 몰두하는 것을 싫어합니다. 공부를 등한시한다는 이유에서입니다. 그러나 청소년 시기에 특정 인물이나 사안, 작품 등에 푹 빠져 보고 관련 자료를 수집해 본 아이는 그 과정에서 자신이 선택한 일에 집중하고 정보를 빠르게 처리하는 능력을 갖추어 나가고 있는 것입니다.

이런 아이들은 자신이 원하는 것, 잘할 수 있는 것, 즐거움을 느낄 수 있는 것이 무엇인지 빨리 파악하고 진로도 명확하게 결정하는 면이 있습니다. 관심 있는 분야에 집중하며 경험했던 즐거움이 다양한 방향에서 집중할 수 있는 능력을 성장시키는 토대가 되는 것입니다. 꼭 '덕후'까지는 아니더라도, 아이가 뭔가에 특별한 애정을 가지고 몰두하면 제지하지 말고 오히려 도와주는 편이 좋습니다.

✶ 가족이라는 울타리 안에서 나이는 숫자일 뿐이다

가족 구성원은 대체로 연령이 다양합니다. 집안에서 담당하는 역할에 따라 권위도 달라집니다. 주로 나이가 많은 사람들이 경제력과 경험이 있기 때문에 가르치는 입장이 되고, 어린 가족에게 영향력을 행사하기 쉽습니다. 부모가 어린 자녀들의 이야기를 더 많이 들어 주고 자녀들이 관심 있는 사항에 대해서 존중해 주려는 노력을 해야만 아이들은 수평적 사고를 경험할 수 있습니다.

수평적 관계는 현대 인간관계의 특징입니다. 직장이나 사회에서도 서열화를 벗어나 수평적으로 소통하는 것이 중요한 과제로 부각되고 있습니다. 서열화는 사람의 관계를 수직적으로 만들고 상명하달형의 경직된 소통을 하게 만듭니다. 이는 늘 우리 사회의 성과를 지체시키는 폐해로 거론되어 왔습니다.

미래에는 점점 더 수평적인 소통 능력이 중요해질 것입니다. 이는 거스를 수 없는 시대의 물결입니다. 때문에 아이들이 가정에서부터 동등한 입장에서 서로를 존중하고 대화하는 경험을 꾸준히 해 나가는 것이 중요합니다. 나이, 경제 능력, 부양 능력 등을 중심으로 보호자와 피보호자, 부양자와 피부양자로 관계를 설정하면 가족 간의 소통은 일방향으로 진행되기 쉽습니다. 가족 모임을 통해 가족 구성원의 권리와 역할 분담이 합의되고 각 구성원의 존재 의미가 재구성되어야 합니다. 가족 구성원이라는 것 자체만으로 가족 안에서 누구나 똑같이 당당할 수 있어야 합니다.

가정이 수평적 집단으로 변해야 사회 각계각층에 수평적인 문화가 전파될 수 있습니다. 지금 아이들이 살아갈 미래 사회는 상명하복의 수직적 문화가 아니게 될 것입니다. 우리 사회가 여전히 수직적 구조라고 하지만 10년 전, 20년 전과 비교하면 크게 변했습니다. 변화는 점점 더 빨라질 것입니다. 진정 미래를 생각한다면 '내가 아는 것'에서 벗어나 아이가 변화에 대처하고 준비할 수 있게 해 주어야 합니다.

젊은 사람들과의 소통에 어려움을 겪는 중년층이 많습니다. 그러다 보니 자신의 존재 가치나 업무 능력에 깊은 회의감을 느끼기도 합니다. 이는 어릴 적부터 수평적인 대화를 나누어 본 적이 없기 때문입니다. 우리 아이들은 달라져야 합니다. 부모와의 관계에서 대등한 인격체로 존중받으며 성장한 아이들은 어른이 되고 나이가 들어도 자신의 자리에서 타인의 의견에 귀를 기울이는 사람이 될 것입니다. 또한 그렇기 때문에 나이가 들어서도 자신의 경쟁력을 잃지 않을 것입니다.

✶ 가정 공감 교육의 시작, 환대하기

어느 날, 딸이 말했습니다.

> "엄마, 나는 이 집에 태어나서 다행이에요. 가족들이 너무 좋아요. 외출했다가 돌아올 때 집이 점점 가까워질수록 기분이 좋아져요. 안 좋은 일이 있어도 집이 점점 가까워지면 기분이 괜찮아지더라고요."
>
> "그래? 고마운 일이네. 그런데 왜 집이 가까워지면 기분이 좋아질까?"
>
> "아마 집에 오면 가족들이 모두 환영해 주고 내 편이 되어 주니까 그런 거 같아요. 일단 가족들을 만나서 한바탕 이야기를 하고 나면 마음이 편안해지거든요."

그렇습니다. 우리 가족들은 누구든 집에 돌아오면 무조건 열렬히 환영합니다. 꼭 딸만이 아닙니다. 누구든 집에 돌아오면 특별한 일이 없는 이상 늘 환영을 표현하기 위해 노력합니다. 대단한 의식이 필요한 것도 아닙니다. "우리 딸 왔네", "어서 와" 같은 간단한 인사를 주고 받는 것으로 충분합니다. 아이들은 집에 들어오자마자 밖에서 힘들었던 일, 어려웠던 문제들을 이야기합니다. 듣는 사람들은 토닥거려 주고 맞장구를 치며 일단은 가족의 편이 되어줍니다. 가족 한 사람이 귀가할 때마다 우리 집에서는 서로를 환영해 주는 작은 축제가 벌어집니다.

조용히 들어오거나 아무에게도 말하지 않고 나가는 일은 거의 없습니다. 잠깐 산책을 나가는 경우에도 "산책하러 나갔다 올게요"라고 말하고 "잘 다녀오라"는 인사를 받으며 나가는 것이 습관화되어 있습니다.

하루 일과를 마치고 집에 들어왔을 때 환영하는 가정에서 자라는 아이와 들어오건 나가건 심드렁한 가정에서 자라는 아이는 자존감의 차이가 생길 수 있습니다. 일상에서 환대받는 경험을 늘 하는 아이는 자신의 존재감을 스스로 깎아내리지 않습니다. 저를 환영해 주는 사람에게는 어려운 일이나 기쁜 일을 터놓고 말하게 마련이니 밖에서 있었던 일을 가족에게 감추지도 않습니다. 자신의 일을 감추지 않고 솔직하게 털어놓고 응원받는 과정은 아이의 자존감을 높여 줍니다.

자존감은 자신을 존중하는 마음입니다. 자존감이 높은 사람은 자신을 소중히 여기고 아낄 줄 압니다. 어려운 상황에서도 좌절하지 않고 다시 노력하고 생활력을 회복할 수 있습니다. 자신을 아낄 줄 알므로 부당한 폭력이나 억압에 쉽게 굽히지 않으며 자기 파괴적인 욕구에 빠져들 확률도 낮습니다.

그런데 이 자존감은 자신이 나타났을 때 다른 사람들이 열렬히 환영해 주는 순간 무척 높아집니다. 그리고 퇴장하며 열렬히 환송받을 때 또 한 번 높아집니다. 내가 오고 가는 것에 아무도 관심이 없고, 있는지 없는지도 모른다면 자존감이 높아지기는 어렵습니다.

역사적으로도 공동체 구성원들은 행사와 의식을 통해서 구성원들의 결속감과 존재감을 높여 왔습니다. 대표가 높은 단 위에 올라가면 박수를 치며 환영과 존중을 표현합니다. 그리고 공동체의 대표가 행사와 말이 끝나고 퇴장을 할 때면 또다시 열렬하게 환송을 해 줍니다. 이렇게 행사를 통해서 열렬하게 환영과 환송을 받을 때면 받는 사람뿐 아니라 함께 박수를 치며 환호하는 구성원들의 존재감도 높아진다고 합니다.

물론 현실적으로 쉽지는 않습니다. 예를 들어 시험 기간에 귀가하는 자녀를 맞이하는 부모들은 아이를 보자마자 "시험 잘 봤어?", "어떻게 됐니?"라고 물어보고 싶을 것입니다. 그러한 욕구를 한 박자 참고 환영 인사를 먼저 건네는 노력이 필요합니다. 거창한 인사가 아니라도 됩니다. "어서 와라", "주스라도 마시고 숨 좀 돌려" 같은 일상적인 환영이면 충분합니다. 시험을 잘 봤다면 잘 본대로 기뻐서 먼저 이야기를 꺼낼 것이고, 시험을 못 봤다면 그 작은 환대에도 위로를 받고 힘을 낼 수 있을 것입니다.

또 한 가지, 이 환영은 쌍방적인 것이어야 합니다. 집에 들어오는 순간 가족보다 집이 어지럽혀졌다거나 시킨 일을 마무리하지 않았다는 등 집안 문제부터 먼저 말을 꺼내면 환영 인사는 쑥 들어갈 수밖에 없습니다. “다녀오셨어요”라고 인사를 하려다가도 “좀 치우고 텔레비전을 보던가 해야지. 이게 뭐야?”라는 말이 나오는 순간 환대 분위기는 끝이 납니다. 서로를 마주하는 첫 순간만이라도 오직 상대방에게만 관심을 기울이는 것이 중요합니다.

이는 꼭 아이를 위한 것만은 아닙니다. 부모의 공감 능력을 키우기 위해서도 이 작은 습관부터 실천해 나가는 것이 중요합니다. 사람이 어떻게 늘 환영만 하느냐고 반문할 수도 있겠지만, 나의 공감 능력을 키우기 위한 과제라고 생각하면 아주 간단한 일이기도 합니다. 돈과 시간을 들여 공부를 하라는 것도, 어디 멀리 가서 수련을 하라는 것도 아닙니다. 그저 가족들을 맞이할 때, 가족들이 나를 맞아 줄 때 다른 일은 일단 미루어 놓고 서로를 환영하라는 것뿐입니다.

집 밖에서 하는 미래 교육

★ 상처받은 치유자

며칠 동안 결석을 했던 선이가 학교에 나왔습니다. 수업을 시작하기 전에 반갑게 환영해 주었습니다. 그런데 수업 시간 내내 선이의 얼굴이 밝지 않았습니다. 걱정이 되어 수업이 끝난 후 아이에게 물었습니다.

"선이야, 아직도 많이 아프니?"

"선생님, 저는 가치 없는 인간이에요."

"뭐? 왜 그런 말을 하니?"

"제가 며칠간 아파서 학교를 못 나왔잖아요."

"그래. 수업 시간에 너희 반 아이들이 너 아파서 학교 못 나왔다고 이야기해 주더라."

"그런데 어떻게 한 명도 전화를 안 할 수가 있어요?"

그 말을 하고 선이는 엎드려 울었습니다. 선이 옆에 있던 아이들이 어쩔 줄 몰라 하면서 미안하다고 사과했습니다. 한 아이는 눈물까지 글썽이며 선이의 손을 잡았습니다.

그날 수업이 끝나고 학년 담임 교사 회의에서 선이 이야기를 꺼냈습니다. 교사들은 학급 친구가 결석을 할 때에는 같은 반 학생들에게 전화번호를 알려 주고 안부를 묻도록 지도하는 것이 필요하겠다고 의견을 모았습니다.

학교에서 이런 부분까지 지도를 한다는 사실이 생소한 어른들도 있을 것입니다. 어릴 때 이런 교육을 받아 보지 않았다면 더욱 그럴 것입니다. 이런 교육을 하는 이유는 그저 교우관계를 돈독히 하려는 것만이 아닙니다. 가정에서 환대를 받으며 각 구성원의 자존감이 높아지듯, 학교에서도 친구의 위로나 관심을 통해 자존감이 높아지는 경험을 할 수 있습니다.

결석 학생에 대한 안부를 묻는 데서 시작한 이 활동은, 개인적인 고민이나 가정 환경 때문에 결석하는 학생들을 위로하고 치유하는 데까지 확장되었습니다. 관심과 애정을 주고받으며 학생들 사이의 관계가 더 좋아졌고, 실제로 결석생도 줄었습니다.

친구들로부터 관심을 받지 못했던 자신의 외로움과 상처를 솔직하게 표현해준 선이에게 고마웠습니다. 사람들은 '관심을 받지 못해 외롭다'는 감정을 선뜻 표출하기를 꺼립니다. 그런 감정 표현이 마치 자신의 약점을 드러내는 것과 같다고 느낍니다.

선이 한 사람이 솔직하게 표현해 주었기 때문에 많은 학생들이 친구들의 관심과 애정을 통해서 위로받을 수 있는 공식적인 활동이 이루어졌습니다. 선이는 감정 표현을 통해서 자신의 아픔을 드러내면서 위로받았고, 동시에 다른 학생들을 위로해 주는 역할도 하게 된 것입니다.

우리는 여러 가지 무게의 상처를 받으며 살아갑니다. 우리 아이들도 살아가면서 크고 작은 상처를 받고 살아갈 것입니다. 자신이 받은 상처를 외면하지 않고 표현하고, 또 공감받는 과정을 통해서 다른 사람의 상처도 외면하지 않는 마음의 힘을 기를 수 있을 것입니다.

✶ 다른 사람을 도우며 자라는 아이

현이가 참빛학교에 봉사 활동을 갔던 때는 중학교 1학년 때였습니다. 참빛학교는 발달장애를 겪는 어린이들을 위한 학교입니다. 현이는 개인 사정으로 오랫동안 학교를 쉬어야 했는데, 나는 현이에게 쉬는 동안 봉사 활동을 해 보는 것이 어떻겠냐 권했습니다. 현이보다 어린 아이를 보살피는 활동을 해 보자고 제안했고, 현이도 좋다고 했습니다.

나는 현이와 함께 참빛학교를 찾아갔고, 그곳의 교감 선생은 일주일에 하루 와 줄 것을 당부하며 초등학교 2학년인 정아와 현이를 연결해 주었습니다.

현이는 목요일마다 참빛학교에 찾아가 정아를 만났습니다. 정아에게 책을 읽어 주었고 블록 놀이도 함께 했습니다. 정아가 교과 공부를 하는 시간에는 현이도 휴게실에서 책을 읽다가 공부가 끝나면 정아와 놀이터에 가서 함께 놀았습니다. 정아에게 언니 이름은 '현이'라고 가르쳐 주고 현이 언니라고 불러 보라고 했지만 정아는 웃기만 해서 안타까웠다고 합니다.

그러다가 사정이 있어서 늦은 날, 현이는 정아가 "현이 언니는 언제 오느냐"고 물어보았다는 소식을 전해 들었습니다. 현이는 정아가 자신의 이름을 알고 있었다는 사실에 감동을 받았습니다. 봉사활동을 시작한 지 3개월쯤 되던 날, 놀이터에서 초콜릿을 먹던 정아는 현이에게 초콜릿을 나누어 주었습니다. 현이가 고맙다며 좋아하자 초콜릿을 하나 더 주었습니다. 그날 받은 초콜릿은 현이에게 잊지 못할 추억이 되었습니다.

현이는 그렇게 중학생 시기를 보냈고, 지금은 대학생이 되었습니다. 힘들었던 자신의 중학 시절을 돌아보다가도 정아를 떠올리면 얼굴에 웃음이 가득해집니다. 정아를 돌보며 현이는 보람과 감동도 느꼈지만 무엇보다 자신의 존재감을 느낄 수 있어 좋았다고 합니다.

봉사 활동이란 오직 남을 위하는 이타적인 행위 같지만 역설적으로 자신의 존재감을 어느 때보다 강하게 느끼고 자존감을 세울 수 있는 일이기도 합니다. 그래서 많은 사람들은 자기 자신이 힘들 때 오히려 더 남을 도울 기회를 찾습니다. 어떤 이들은 '남을 돕는다는 명분을 이용해 자기만족을 한다'며 비꼬기도 합니다. 그러나 봉사 활동이란 이득 없는 연대를 추구하는 일입니다. 연대를 통해 위로를 구하는 행위가 비판받을 이유는 없습니다.

사람은 다른 사람과 연결되고 싶어 합니다. 우리는 단절감을 두려워합니다. 그러면서도 적극적으로 남과 연결되려 하기보다는 자신이 느끼는 단절감을 다스리지 못하고 가까운 사람들을 심리적으로 힘들게 하거나 인간관계를 도리어 악화시킵니다. 누군가가 먼저 손을 내밀어 주기를 바라지만 자신의 약한 모습을 드러내고 싶어 하지는 않습니다.

누군가를 돕는 것에 거부감이 드는 이유는 도움이 필요한 사람의 모습에서 자신을 보기 때문입니다. 약하다는 것, 누군가의 도움을 필요로 하고 있다는 것에 수치심이나 거부감을 느끼는 자기 자신을 상대방에게 투영하는 것입니다. 그러나 도움을 바라는 것은 부끄러운 일이 아닙니다. 도움을 바라는 마음은 꼭 나의 어려움을 해결하고 싶은 욕구에만 치중되어 있지 않습니다. 타인과 연결되고 연대하고 싶은 마음은 지극히 기본적이고 자연스러운 욕구입니다. 이 자연스러운 바람을 스스로 받아들일 때 타인을 돕고 도움을 받으며 긍정적인 연대를 맺을 수 있습니다. 어린 시절의 봉사 활동은 다른 사람과 공감하고 연대하는 어른으로 성장시켜 주는 중요한 계기라고 할 수 있습니다.

현이는 봉사 활동을 통해서 자신이 다른 사람과 연결되어 있다는 연대 의식을 터득했고, 정아의 웃음을 보면서 더 큰 공감 능력을 형성했습니다. 공감 능력은 주입식 교육으로는 기를 수 없습니다. "공감하라"고 명령한다고 해서 생겨나는 감정이 아니며 외울 수도 없습니다. 상대방의 웃음, 눈물, 표정 등 다양한 정서를 해석하고 상대방과 자신의 모습이 내면의 거울에 비칠 때 마음이 움직이며 자라나는 것입니다. 공감이란 내 마음이 상대방의 마음에 호응하는 과정입니다.

아이들이 개별적으로 누군가를 돕거나 봉사 활동을 하기 위해서는 많은 용기가 필요하며 방법 또한 잘 알지 못합니다. 그러나 친구들과의 단체 봉사, 학교 행사 등으로 여러 명이 함께 나서는 봉사 활동에는 거의 대부분 적극적으로 참여합니다.

가정에서도 아이들의 봉사 활동을 '점수 때문에 할 수 없이 하는 것', '공부할 시간도 모자란데 귀찮지만 해야 하는 것'이라는 소극적인 시각에서 벗어나 적극적으로 살피고 지원해야 합니다. 정기적으로 노인 요양 시설이나 장애인 복지 시설을 방문하여 책을 읽어 주거나 청소를 해 주는 등의 봉사 활동은 정말 값진 교육입니다. 시작이 어려울 뿐, 한 번 시작하면 스스로 하게 되는 것이 봉사 활동이기도 합니다.

부모가 먼저 나서서 함께 참여하자고 권하거나, 아이가 잘못을 했을 때 다른 벌을 하거나 꾸중을 하는 대신 봉사 활동에 참여시키는 것도 좋은 방법입니다.

✶ 낯선 사람, 새로운 문화를 만나는 여행

경험이 많을수록 공감 능력이 높아질까요? 그렇다면 나이가 많을수록 공감 능력이 높아져야 할 텐데 사람들은 "나이가 들어 감수성이 메말랐다"라는 말을 일반적으로 합니다. 이는 나이와 공감 능력이 무관하다는 것을 은연중에 알고 있다는 뜻입니다.

기성세대는 젊은 세대가 어른들의 어려움을 이해하지 못한다고 생각하는 경향이 있습니다. 반면 아이들과 청년들은 어른들이 사정은 잘 알지도 못하면서 훈계와 잔소리만 한다고 생각하는 경향이 있습니다.

공감 능력은 나이와 상관없이 삶을 어떻게 바라보고 어떤 실천 활동을 하면서 살아왔는지에 따라 달라집니다. 다른 사람과의 관계에서 어떤 상호 작용을 경험했는지에 의해서도 달라집니다. 또 하나, 사회적 문화나 시스템에 따라서도 달라질 수 있습니다.

환경 역시 개인의 공감 능력과 감수성을 좌지우지하는 중요한 요소입니다. 어떤 문화권에서는 기쁜 일이 다른 문화권에서는 슬픈 일이 되기도 합니다. 어떤 곳에서는 재미있다며 웃음을 불러일으키는 농담이 다른 곳에서는 타인을 화나게 만드는 무례한 말이 되기도 합니다. 다양한 문화 접촉이 필요한 이유입니다. 다양한 문화, 다양한 사람들의 삶의 양식을 이해하고 받아들일 때 사람의 창의력은 크게 성장합니다. 사람의 상상력은 드넓으면서도 협소해서, 자기가 보고 들은 것을 넘어 상상하기는 어렵습니다. 이제까지 만나 본 적 없는 문화에 접촉하는 것은 상상력을 대폭 키우는 기폭제가 되고, 이는 자연스레 공감 능력과 창의력을 향상시키는 요인이 됩니다. 사람들이 여행을 좋아하는 이유는 자신의 삶에 즐거운 상상력을 불어넣어 주기 때문입니다.

젊을수록 새로운 문화에 열광합니다. 낯선 나라와 지역을 찾아가고, 새로운 유행과 풍습을 창조해 냅니다. 처음 먹어 보는 음식에 흥미를 느끼고 새로운 것이라 하면 줄을 길게 서서라도 경험해 보고 싶어 합니다. 뭔가를 배우기 위해서 길을 떠나기도 하고 틈만 나면 여행을 떠납니다. 나이가 어릴수록 규칙적으로 반복되는 활동에 지루함을 느끼고 변화를 원하기 때문에 새로운 것도 열린 마음으로 적극적으로 받아들입니다. 낯선 문화를 접할 때마다 두려워하기보다는 호기심을 품고 탐색하며 더 깊게 파고들기도 합니다.

세계적으로 교통이 발달하면서 사람들은 자유롭게 여행할 수 있는 기회를 더 많이 갖게 되었습니다. 젊은 사람들이 해외 여행을 즐기는 것은 이미 사회 보편적 현상이 되었습니다. 어떤 어른들은 "저축할 생각은 않고 조금만 돈이 생기면 해외 여행만 한다"며 혀를 차기도 합니다. 지금 이곳에 없는 다양한 문화와 사회를 접하는 일이 어떤 사람들에게는 돈이 아깝지 않은 즐거움인 것입니다. 어딘가에서는 정해진 질서인 것이 완전한 새로움으로 다가옵니다. 고정관념이 흔들리기도 하고, 이 과정에서 새로운 상상력이 생깁니다.

요즘은 특히 SNS를 통해 외국에서도 쉽게 사람을 사귀고 교류할 수 있으며, 먼 곳에 있는 나라의 소식도 실시간으로 보고 들을 수 있습니다. 외국 사람들과도 발빠르게 연대하고 협력하여 사회 운동을 펼치기도 합니다. 앞으로 기술이 발전하면서 더욱 다양한 사람들과의 만남과 교류가 이루어질 것입니다. 인류는 더 많은 부분에서 공감하고 협력하며 새로운 유대관계를 만들어 낼 것입니다.

아이들의 창의력과 감수성을 발달시키는 데도 여행은 큰 도움이 됩니다. 아이들은 여행을 좋아하고, 특히 친구와 함께 가는 여행을 좋아합니다. 그러나 아무리 좋아한다 해도 초등학생, 중학생끼리 여행을 선뜻 보내기는 어려운 것이 사실입니다. 이런 문제를 해결하기 위해 우리 가족은 방학을 맞아 가족 여행을 갈 때면 아이의 친구를 초대할 수 있는 권리를 주었습니다.

아이들이 가고 싶은 곳을 의논해서 정하면 의견을 반영해 여행지를 정하고, 여행지에 가서도 아이들끼리 시간을 보낼 수 있도록 해 주는 것입니다. 그러다 보면 필연적으로 아이 친구의 부모와도 소통하게 되며, 부모끼리의 모임은 아이들의 관계를 더욱 돈독하게 합니다. 목적지에서 만나기로 하고 아이는 친구와 따로 기차나 버스 등을 타고 오게 하는 것도 좋은 방법입니다.

숙소에서도 아이들끼리 생활할 방을 따로 마련해 주고, 여행 도중에도 친구들끼리 가고 싶은 곳이 있다고 하면 간단한 계획을 점검하고 목적지를 확실히 확인한 뒤 아이들끼리의 시간을 보내게 합니다. 그러면 어른들도 여유롭게 시간을 보낼 수 있고, 아이들은 아이들끼리의 여행을 안전하게 즐길 수 있습니다.

이런 방식으로 아이들만의 공간을 조금만 열어 줘도 여행에 입체적으로 참여하며 여러 가지를 배울 수가 있습니다. 부모를 일방적으로 따라다니는 여행에서는 얻을 수 없는 경험을 통해 아이들은 천천히 독립심을 키워 갈 것입니다.

✶ 주입식 여행에서 체험형 여행으로

아이와 함께 주제를 정하고 여행을 떠나는 것도 좋습니다. 농촌에서 살아 보기, 산촌에서 살아 보기, 어촌에서 살아 보기 등 테마를 정하고 일정한 공간에 가서 며칠 동안 머무르는 것입니다.

주제를 정한 여행이라고 하면 여러 명승지를 순회하거나 박물관, 미술관 등을 다니는 지식 정보 중심의 여행을 떠올리기 쉬운데 이때의 주제는 '체험'을 위한 주제여야 합니다. 수동적으로 보고 듣는 것만으로는 아이들이 삶에 필요한 것들을 느끼기 어렵습니다. 오랫동안 기억 회로를 자극하며 관심과 흥미를 이끌어 내기도 어렵습니다.

부모님과 여행을 다녀왔다는 아이들에게 어디를 어떻게 다녀왔는지 물어보면 제대로 기억도 못하는 경우가 많습니다. 대체로 "차를 타고 자다가 깨어 보니 콘도에 도착했고, 수영을 하고 고기를 구워 먹다가 왔다"라는 내용이 대부분입니다. 어느 지역을 갔는지 잘 알지도 못하고, 차에 타 이동하고 밥을 먹었던 극히 일상적인 기억만 남아 있는 것입니다. 집에서도 할 수 있는 일을 차를 타고 멀리 가서 하고 왔다는 것이 많은 아이들이 말하는 가족 여행입니다.

아이들과 '어촌에서 살아 보기'를 주제로 정하고 섬에서 일주일을 머물렀던 적이 있었습니다. 아이들은 그때의 여행을 가장 많은 것을 배운 즐거웠던 여행으로 추억합니다. 온 가족이 해가 뜨는 풍경을 함께 보고 해질 무렵에 함께 산책을 했고, 물이 빠져나간 바닷가를 걸으면서 조개를 잡아 미역국을 끓여 먹었습니다. 숙소를 운영하던 어부가 그물을 걷으러 갈 때면 따라가 고기를 잡아 보기도 하고, 직접 잡은 고기로 요리도 해서 먹었습니다.

낯선 사람들의 삶 속으로 들어가 다른 생활을 해보는 여행은 타인의 삶에 공감하게 하고, 나와 다른 사람이 연결되어 있다는 사실을 실감하게 합니다. 새로운 환경은 상상력을 자극하고, 이는 곧 창의력의 원천이 됩니다.

아이와의 소통 원리 이해하기

✶ 지금 당장

어느 날 오후, 영준이라는 아이에게서 휴대폰 메시지가 왔습니다. 오랜만에 연락을 한 아이에게 반갑다, 어쩐 일이냐며 묻자 억울한 말투로 이렇게 말했습니다.

"선생님. 저희 할머니가 형이랑 저랑 차별하는데 어떻게 해야 하나요?"

얼마나 억울하면 내게 전화를 다 했을까요? 차별은 나쁜 것이고 선생님은 무조건 영준이 편이라고 말했지만 아이의 화는 쉽게 풀리지 않았습니다. 할머니와 직접 통화를 해보겠다고 하자 아이는 그제야 기분을 풀며 할머니의 전화번호를 내게 가르쳐 주었습니다.

"내일 영준이 학교에 가 있을 때 전화하려고 하는데 어때?"

"아뇨. 오늘요. 지금요. 지금 당장 해 주세요."

나는 정말로 영준의 할머니와 통화를 했습니다. 아이의 학교 선생님이라 밝히고, 영준이 국어 부장으로 성실하게 활동을 잘했다는 점 등을 칭찬하며 할머니도 아이를 많이 칭찬하고 관심을 가져 주셨으면 좋겠다는 이야기를 나누었습니다. 할머니는 영준이 매우 귀한 손자이고 아직 어려 형보다 더 마음이 쓰인다고 말했습니다.

나는 아이에게 할머니가 한 말을 전달해 주었고, 할머니와 내가 너를 얼마나 사랑하는지 알아 달라고 덧붙였습니다. 아이의 기분은 금방 풀렸고 이 날의 통화는 이렇게 종료되었습니다.

이 이야기를 보고 뜨악함을 느끼는 사람들이 적지 않을 것입니다. 할머니 때문에 기분 나빠서 학교 선생님에게 전화를 걸었다고? 게다가 할머니와 직접 통화를, 그것도 지금 당장 해 달라고 했다고?

교육 일선에 있으면 별로 놀라운 일이 아닙니다. 아이들은 한 번 마음을 연 어른들에게는 무척 솔직하며 자기의 감정을 숨기지 않기 때문입니다. 만일 아이에게 이런 즉각적인 공감 요구를 한 번도 받아 본 적이 없다면 오히려 부모로서 고민해 봐야 할 문제입니다.

영준은 공감이 필요했습니다. 나중은 안 되고 지금 당장입니다. 아이는 지금 당장 자신의 심정에 공감하고 도움을 줄 수 있는 사람으로 나를 선택했고, 영준이 원하는 것이 무엇인지 알았기에 나는 곧바로 아이의 편을 들어 주었습니다. 아이의 말이 진짜인지 아닌지, 옳고 그른지를 따지는 것보다 아이가 지금 느끼고 있는 억울함이나 서러움, 슬픔에 공감하고 그것을 해소해 주는 게 우선이기 때문입니다.

아이는 내게 전화를 하고, 나는 아이를 달래다가 할머니와 통화를 하고, 또 할머니의 말을 아이에게 전달했습니다. 이런 과정을 통해서 영준은 내가 확실한 자기 편이라는 확신을 가졌고, 그렇기 때문에 내가 전달한 할머니의 마음에도 믿음을 가졌습니다.

교사가 이렇게 한다고 하면 "뭘 그렇게까지 하느냐"라는 말을 들을 수도 있겠지만 부모가 내 아이를 위해 한다고 생각하면 크게 어려운 일이 아닙니다. 그런데 이렇게 아이와의 소통에 노력하는 부모가 그리 많지는 않은 것 같습니다. 아이와 소통이 되지 않는다고 속상해하는 부모의 숫자에 비하면 말입니다.

휴대폰 메신저에 가족 대화방을 만들어 활용하는 것도 좋은 방법입니다. 휴대폰 메시지나 SNS를 이용하면 원할 때 언제든 대화를 시도할 수 있습니다. 기쁜 일, 슬픈 일, 고민 등 다양한 이야기를 나누고 좋아하는 글귀나 사진, 이모티콘을 보내며 정서적인 상황을 공유해 봅시다. 그러나 어디까지나 소통을 중심에 두어야지, 공부를 시키려는 의도가 엿보이거나 수직적 지시, 감시 등의 기운이 느껴지면 가족 대화방은 활발하게 운영되기 어렵습니다.

문자로 소통을 하면 보다 객관적이고 예의 바른 언어를 사용하게 된다는 점에서 직접적인 대화보다 편리하기도 합니다. 글이란 기록이 남기 때문에 감정적인 상황에서도 아무래도 한 번 더 생각하고 쓰게 되기 마련입니다.

자녀가 SNS를 할 경우 서로 합의가 된다면 조심스레 친구 추가를 요청해 보는 것도 좋습니다. 이 경우 아이들은 부모에게 감시당한다는 느낌을 받기 쉬우므로 너무 자주 존재를 어필하지 말고 가끔 '좋아요' 등의 동의 버튼만 누르거나 구경만 하는 것을 권합니다. 자녀와 친밀해지고 싶은 마음에 일일이 댓글을 남기거나 부모임을 알리기도 하는데, 아이가 부담스러워할 수 있으며 특히 친구들끼리의 소통을 방해하는 결과를 낳을 수도 있습니다.

특히 SNS를 이용해 아이의 친구들을 탐색하는 활동은 아무리 궁금하더라도 하지 않아야 합니다. 아이가 널리 알리고 싶어 하는 사안이나 자랑글 등만 동의 의사를 표시하거나 본인의 SNS에 퍼 가서 적극적으로 참가해 주고 홍보해 주는 것이 가장 좋습니다.

✶ 기다림은 아이와의 대화에서도 필요하다

아이와 이야기하다 보면 가장 자주 나오는 말이 "빨리 말하라", "큰 소리로 말하라"입니다. 이런 요구는 아이가 입을 다물게 합니다. 궁금한 것이 있어도 재촉하고 윽박지르기보다는 기다림이 필요할 때가 있습니다. 그러면 아이가 먼저 말을 걸어 오기도 하고, 내가 하고 싶었던 말을 대신 하기도 합니다.

희주는 욕을 많이 하는 학생이었습니다. 말도 빠르고 아는 욕도 많아서 친구들과 대화하는 모습을 관찰하다 보면 순식간에 서너 가지 욕을 합니다. 불러서 타이르고 친구들과 함께 토론도 하고 혼을 내기도 했지만 고쳐지지 않았습니다.

독서 시간에 아이는 만화가 강풀의 작품 『그대를 사랑합니다』를 읽었습니다. 책을 다 읽고 나서는 짧은 감상문을 써 가지고 왔습니다.

'재미있었다. 할아버지가 할머니에게 사랑하고 마음을 표현하는 것이 감동적이었다. 나이가 먹어도 진실한 사랑을 하는 것이 멋있게 느껴졌다.'

나는 감상문에 대해 아이와 이야기를 나누었습니다.

"할아버지가 마음에 들었어?"

"네, 할아버지가 재미있고 좋은 분이었어요. 할머니한테 이름도 지어 주고 착한 사람이었어요. 그런데 할아버지가 욕을 좀 많이 해서……."

순간적으로 "그러니까 너도 욕 좀 하지 마"라는 말이 목구멍까지 올라오는 것을 느꼈습니다. 나는 이 말을 꿀꺽 삼키고, 아이를 보며 그냥 웃어 주었습니다. 함께 웃던 희주는 갑자기 머리카락을 손으로 쓸어 넘기면서 묘한 표정을 짓더니 자기 자리로 가면서 작은 목소리로 중

얼거렸습니다.

"나도 욕 좀 안 해야 될 것 같은데."

훈계하고 싶었던 마음을 참았던 자신이 고맙게 느껴졌습니다. 사소한 일 같아 보이지만 어른들과 아이의 관계가 어긋나는 순간이 바로 이런 경우입니다. 아이가 스스로 자신을 돌아보고 생각할 시간을 주지 않고, 일방적으로 혼을 내고 훈계를 하고 싶은 마음을 참지 못합니다. 인간관계에서 시간은 기다리는 사람의 편입니다. 부모 자식 간이라고 다르지 않습니다.

사람들은 대체로 자신의 단점을 알고 있습니다. 그 단점 때문에 자신이 어떤 평가와 대우를 받는지도 압니다. 하지만 다른 사람이 그 부분을 지적하거나 화를 내면 상황이나 감정으로부터 회피하고 싶어집니다. 자신을 돌아보기보다는 상대방이 저를 이해하지 못한다고 생각하며 일단 부정부터 하고 봅니다.

아이의 문제점을 다그칠 때 아이가 "그런 적 없어요", "몰라요" 같은 단답형 부정어로 퉁명스레 나오면 더 화가 날 것입니다. 하지만 그럴 때 아이는 이해받지 못한다는 생각에 큰 갑갑함과 외로움을 느끼고 있습니다. 문제점에 대해 질문하고 기다려 주면 자신이 그렇게 행동한 상황과 이유, 그때 느꼈던 감정에 대해 솔직하게 말할 때가 많습니다.

아이와 이야기를 하다 보면 화를 참기 힘들 때가 자주 닥쳐 오지만 아이에 대한 믿음을 가지고 한 박자 참고 기다리며 이야기해야 하는 경우가 있습니다. 상황을 살펴보겠습니다.

"짜증나! 내일 학교 가기 싫어."

"왜?"

"담임이 꼭 나만 갖고 뭐라고 해."

"무슨 일 있었어?"

"5교시가 담임 시간이었는데 너는 왜 맨날 늦게 들어오냐고 소리 지르고, 벌점을 주잖아."

"좀 일찍 들어가지 그랬어."

"씨발, 종소리를 못 들었단 말이야. 다른 애들도 다 늦게 들어왔는데 나만 가지고 그래."

여기서 보통은 참지 못합니다.

"너 지금 엄마한테 뭐라고 했니?"

"내가 뭘?"

"엄마한테 욕했잖아."

"내가 언제?"

"방금 네 입으로 했잖아."

"아 짜증나! 욕한 적 없다고!"

수업에 늦어 놓고 적반하장으로 화를 내는 모습도 한심한데 욕까지 하는 아이를 보면서 부모는 화가 치밀어 오릅니다. 하지만 이 경우 아이는 자신이 엄마로부터 이해받지 못하고 오히려 혼만 나고 있다는 생각에 더 감정이 격해집니다. 이 시기 아이들은 상대방에게 욕을 한다기보다는 상황 그 자체에 화를 내고 욕을 하는 경우가 대부분입니다. 아이가 욕을 한 직후의 대화를 바꿔 보겠습니다.

"많이 속상했겠네."

"진짜 짜증나. 왜 나만 갖고 그러냐고."

"일단 좀 쉬어라. 진정 좀 하고."

"방에 들어가서 쉴게."

"그래. 마음 좀 진정시키고 나오는 게 좋겠다."

물론 부모 입장에서는 부모 앞에서 감히 쌍시옷이 들어간 욕을 내뱉는 아이의 말투가 무척 거슬리고 곧바로 혼을 내 교정하고 싶은 마음이 들 것입니다. 그러나 아이의 상황을 살펴보면 눈앞의 부모가 아니라 상황에 대해서 화를 내고 있는데, 욕이 그만 습관적인 실수로 튀어나왔음을 알 수 있습니다.

이럴 때는 이미 화가 나 이성적인 판단이 힘든 아이를 붙잡고 혼을 내기보다는 일단은 한 박자 참아주고 아이와 부모 자신의 마음을 진정시킬 시간을 줍니다. 서로의 기분이 가라앉은 다음, 언성을 높일 상황이 아닐 때 이 문제를 다시 한 번 짚어주고 교육적 관점을 환기시켜 주는 것이 훨씬 더 효과가 높습니다.

"너 속상하고 화날 때 욕을 하는 습관이 있더라."

"내가? 언제?"

"지난번에 수업에 늦어서 벌점 받았던 얘기할 때 말야. 네가 쌍시옷을 막 넣어서 욕을 하며 이야기하던데, 처음에는 엄마한테 욕하는 줄 알고 깜짝 놀랐어."

"정말? 내가 그랬어? 엄마한테 욕한 거 아니야. 그냥 짜증나서 그랬을 거야."

"그렇겠지. 그런데 대화 중에 그렇게 욕을 하면 사람들이 오해를 할 수 있으니까 주의를 좀 하는 게 좋겠어."

"응. 알았어."

면전에서 상스러운 욕을 했는데도 참고 넘어갔다가 따로 시간을 내어 부담 없이 조언해 주는 부모의 너그러움을 비웃을 아이는 없습니다. 이런 대화를 나누고 나면 아이는 엄마가 자신을 믿고 사랑한다는 확신을 가지며, 더 나은 사람이 되고 싶다는 자발적 의지를 갖게 됩니다. 기다림은 상대방의 생각을 존중하는 소통의 기본 자세입니다.

"내가 말하고 있으니 입 다물고 들어라."

"내가 묻고 있으니 당장 대답하라."

"너의 잘못된 언행을 지금 당장 고쳐라."

"변명하지 말고 솔직하게 대답이나 하라."

이런 태도는 조금도 상대방을 존중하는 대화법이 아닙니다. 자신의 말이나 행동을 기다려 주는 사람 앞에서 사람은 자신이 존중받고 있다고 느낍니다. 부모가 자신을 믿고 존중하고 있음을 여러 번 느끼면 아이들은 부모를 사랑하고 자기 스스로를 사랑합니다. 또 이러한 확신이 있어야 천천히 자신의 이야기를 꺼냅니다.

어른들의 기다림 속에서 청소년의 표현력은 서서히 성장합니다. 소통의 맛을 깨닫고 자신의 생각을 추슬러 말이나 글로 펼치는 재미도 알게 됩니다. 잊지 마십시오. 시간은 기다리는 사람의 편입니다.

✶ 가족 모임 가지기

우리 집 거실 탁자의 중앙에는 달력이 있습니다. 이 달력에는 가족의 소소한 일정들이 빼곡하게 적혀 있습니다. 서로의 일정을 공유해야 가족 모임을 가지기 원활하기 때문입니다.

아이가 열 살이 넘으면 한 달에 한 번씩 가족 모임을 시작할 것을 권합니다. 한 달이 시작되는 첫 주 주말이나 마지막 주 주말로 정하는 것이 모임을 가지기 편하지만 꼭 그렇게 정할 필요는 없습니다. 가족들이 편한 날짜로 지정하면 됩니다.

가족들이 모두 모여 함께 요일과 날짜를 정하십시오. 특별한 이유가 있어서 모이는 것은 아닙니다. 맛있는 음식을 함께 먹으며 이야기를 나누면 충분합니다. 먹고 싶은 음식을 주문해도 되고, 가까운 곳에서 외식을 해도 좋습니다. 가족 모두 다 함께 요리를 해 보는 것도 좋습니다. 중요한 것은 무엇을 먹든 어떤 이야기를 하든 어른들이 일방적으로 정하지 않고 가족이 함께 의논해 정해야 한다는 것입니다.

가족 모임을 할 때 몇 가지 합의해야 할 원칙들이 있습니다. 첫째, 누구나 나이와 상관없이 평등한 발언권을 가지는 것입니다. 모임에서 의논해 어떤 문제를 결정해야 한다면 구성원 모두가 자유롭게 발언할 수 있어야 하고, 모두가 결정권을 가져야 합니다.

둘째는 의사 결정 방법을 정하는 것입니다. 다수결, 제비뽑기 등 여러 가지 방법이 있겠지만 우리 가족은 만장일치를 원칙으로 합니다. 그러다 보니 모임 한 번으로는 결정이 나지 않을 때도 있습니다.

그러면 재미있는 상황이 발생합니다. 한 번에 만장일치로 결정이 되지 않으면 이해관계가 있는 당사자가 사안을 반대하는 가족을 따로 만나 계속 설득을 한다는 것입니다. 자신에게 관련된 중요한 일을 결정해야 하는데 반대하는 사람이 있으면 형제든 부모든 자식이든 가리지 않고 협력을 얻어내기 위해 설득하는 시간을 가지게 됩니다. 이런 과정은 아이가 설득과 협상을 학습하는 첫 번째 단계가 될 것입니다.

첫째 아이는 초등학교를 졸업한 뒤 다른 지역에 있는 중학교에 가고 싶어 했습니다. 그런데 둘째는 오빠가 멀리 떠나는 것이 싫어 가족회의에서 반대를 했습니다. 첫째는 둘째와 이야기를 나눈 뒤 다시 결정하는 과정을 가지자고 제안했습니다. 그리고 동생을 다른 방으로 데리고 가 설득했습니다. 조금 뒤에 둘은 방을 나왔고, 둘째 아이는 "오빠가 가는 것에 찬성한다"고 말했습니다. 나중에 첫째에게 어떻게 동생을 설득을 했는지 전해 들었습니다. 편지를 자주 보내고 학교가 멀어져도 한 달에 두 번씩은 집에 올 것이라 약속하고, 동생이 친구 집에 놀러를 가거나 친구를 초대할 일이 있으면 적극 협조하겠다는 약속도 했다는 것입니다. 이쯤 되면 훌륭한 협상입니다. 비록 이미 결정된 사항이라 할지라도 "그렇게 정해졌으니 군말 말고 따르라"며 아이들에게 통보하는 것보다는 이런 의사 결정의 과정을 거치는 것이 중요합니다.

셋째, 가정 외부에서 발생한 어려움도 가족 모임에서 공유합니다. 아빠의 사업이 어려워졌다거나 갑자기 직장을 옮겨야 하는 등, 살다 보면 외부적인 원인 때문에 힘든 상황이 발생합니다. 이때 어른들은 쉬쉬하며 상황을 숨기다가 갑자기 아이들에게 통보하여 혼란을 불러일으키는 경우가 많습니다. 좋지 않은 이야기를 굳이 미리 이야기해 아이들의 기분을 상하게 만들고 싶지 않다는 이유에서인데, 아이들 입장에서는 큰 변화를 갑자기 마주해야 하기 때문에 충격이나 혼란이 더 커질 뿐입니다.

큰 변화나 어려움이 예측된다면 아이들과도 미리 사안을 공유해야 합니다. 그 문제들을 해결하기 위해 부모가 어떤 계획을 가지고 어떻게 노력하고 있는지에 대해 전망을 제시해 주어야 아이들이 불안해하지 않습니다.

한번은 남편이 사업을 그만두고 시민 사회단체 상근직으로 옮기고 싶다는 이야기를 가족 모임에 올렸습니다. 아이들은 그것이 아빠의 꿈이라면 지원해 주어야 한다고 찬성했습니다. 시민 사회단체의 상근비는 적기 때문에 지금까지보다 많이 절약해서 살아야 한다는 점을 주지시키자, 아이들은 용돈을 깎아도 좋다고 결단했습니다.

학교에서나 가정에서나 아이들은 자신의 역할을 부여받는 것을 좋아합니다. 가정의 크고 작은 일들을 의논하며 가족 구성원으로서 역할을 자리매김해 주면 가족에 대한 애착이 깊어집니다. 자신의 의견이 실제로 어떤 결정에 반영된다고 느낄 때면 자부심, 책임감, 자존감이 함께 성장합니다.

이때 동등한 권리를 가진다는 이유로 책임도 똑같이 져야 한다고 강조해서는 안 됩니다. 아이들은 아직 성장하는 과정에 있으며 어디까지나 부모의 피보호자입니다. 가족 모임을 통해 아이들에게 동등한 결정권을 주는 것은 어디까지나 아이를 훌륭한 어른으로 자라게 하기 위함이지 보호자와 똑같은 책임을 지게 하기 위해서가 아닙니다.

가족이 함께 가야할 행사나 여행에 대해서도 아이들과 미리 약속을 정하고 합의하면 아이들은 잘 참여합니다. 일방적이면 거부하지만, 자신의 의견이 보태져서 합의하면 지키려 드는 의지는 오히려 어른들보다 강합니다. 이것은 주인 의식이 성장하는 중이기 때문이며 이 의식을 계속 키워 나가야 합니다.

가족 모임을 통해 문제를 해결해 나가는 과정은 부모와 자녀 모두를 성장시킵니다. 가족이라는 작은 집단 안에서이지만 자신의 의견을 표현할 정기적인 기회를 가지는 것은 의사소통의 역량을 기르는 중요한 과정입니다. 이런 연습이 되어 있지 않은 아이가 학교나 사회에서 어느 날 갑자기 의견을 당당하게 표현하고 경청하기는 어렵습니다.

아이들은 앞으로 다양한 토론이 활성화되는 시대를 살아가게 될 것입니다. 가족 모임은 가정의 화목을 도모할 수 있는 방법인 동시에 가장 작은 사회 집단으로서의 가정이 장차 미래 시민이 될 아이를 키워내는 방법이기도 합니다.

부모도 아이도 소중하다

✶ 어린 시절과의 화해

소통은 다른 사람과의 만남인 동시에 자신과의 만남이기도 합니다. 자신의 마음을 들여다보고 소통할 수 있어야 다른 사람의 입장에서 생각하는 힘이 성장할 수 있습니다. 특히 아이와 소통할 때 이 능력은 더욱 중요합니다. 자신의 어린 시절과 만나고 그 시절의 나 자신과 화해하는 과정은 곧 아이를 이해하는 과정입니다.

많은 사람들은 어릴 때부터 품어온 여러 가지 상처나 콤플렉스가 있습니다. 앞서 자신의 착한 아이 콤플렉스를 해소하지 못하고 아이에게 투영해 결과적으로 아이에게 악영향을 끼치는 경우에 대해 이야기했습니다. 이는 부모가 자신의 어린 시절과 화해하지 못해 벌어지는 일입니다.

자신의 안을 들여다봅시다. 어린 시절 어떤 일이 화가 났고 슬펐으며 이유는 무엇이었는지. 그 슬픔과 분노는 해소되었습니까? 시간 속에 묻어 놓았을 뿐이라면 다시 한 번 그때의 감정을 돌아보아야 합니다. 어린 시절을 되짚어 내 안에서 아직도 울고 있는 아이를 돌봐 주어야 합니다. 그러고 나면 지금 내 앞에 있는 아이에게도 너그러워질 수 있는 여유가 생깁니다.

서울의 한 학부모 독서 모임과 '부모의 공감 능력 키우기'라는 주제로 네 차례의 연수 프로그램을 진행했습니다. 자녀의 발달 과정 이해, 아이와의 소통법, 미래 교육에 대해 이야기를 나누고 마지막 날에는 치유와 회복의 시간을 가졌습니다. 치유와 회복 시간은 아이를 이해하는 것을 넘어서 부모 자신의 공감 능력을 기르기 위한 프로그램입니다.

이 프로그램은 연수를 받는 사람들을 모둠별로 나누고, 각자 자신의 어린 시절 이야기를 나누면서 시작합니다. 어렸을 때 특별히 상처받았던 기억들을 끄집어내고 모둠원들과 함께 공유하고, 서로를 위로합니다. 우리의 내면에서 아직 울고 있는 아이와 대화를 하고, 그 아이의 눈물을 닦아 주고 위로하면서 서로의 어린 시절을 안아 주는 것입니다.

"초등학교 저학년 때 일입니다. 한겨울 날씨가 너무 추워서 집에서 키우던 강아지를 지하실에 넣어 주었습니다. 어린 마음에 강아지가 따뜻했으면 좋겠다는 생각에 그렇게 한 것인데 다음 날 강아지는 죽어 있었습니다. '네가 죽였어!' 가족 중 누군가 이렇게 말했습니다. 나는 방에 들어가서 이불을 뒤집어쓰고 펑펑 울었습니다. 어른이 된 지금도 그때를 생각하면 마음이 아픕니다. 저는 이때의 나를 토닥여 주고 싶습니다. 비록 결과가 그렇게 됐지만 너는 강아지가 따뜻하기를 바라는 마음으로 강아지를 챙겨 준 것이었다고, 그 마음만은 죽은 강아지도 알 것이라고 말해 주고 싶습니다."

"어렸을 때 등짝을 많이 맞았던 기억이 납니다. 어릴 때 실수가 많은 아이였습니다. 우유를 엎지르거나, 놀다가 엄마가 일하는 쪽으로 공을 날려 보내거나, 신발을 짝짝이로 신고 나가기도 했습니다. 그럴 때마다 엄마는 등짝을 때리며 혼을 냈습니다. 내가 엄마가 되면 아이한테 그러지 말아야겠다고 생각했는데 어떤 때는 아이의 잘못에 비해서 지나치게 화를 내는 내 모습을 보게 됩니다. 어린 시절에 엄마가 내게 했던 행동을 그대로 물려받은 것은 아닌지 걱정도 되고, 우리 엄마는 나보다 더 살기 어려운 시절에 고생하며 나를 키우느라 여유가 없었을 것이라 생각하면 엄마가 안쓰럽기도 합니다. 이제 엄마도 이해하고 어린 시절의 나도 보듬어 주고 싶습니다."

"엄마는 내 성적에 관심이 많았습니다. 학원도 다니고 과외도 하고, 엄마가 시키는 것은 모두 했습니다. 시험을 보고 나면 늘 혼이 났습니다. 엄마와 함께 문제를 모두 확인하고 분석하면서 이것은 전에 풀었는데 왜 틀렸냐고 야단을 맞기도 했고, 왜 여러 번 배웠는데 기억을 못하느냐고 혼이 나기도 했습니다. 내가 엄마가 되면서 아이를 성적 문제로 괴롭히지 말자고 결심을 했습니다. 하지만 어느 순간 아이가 걱정이 돼서 견딜 수가 없습니다. 시험 기간에도 놀고만 있는 아이를 보면 한심하고 화가 납니다. 내 아이는 나보다 편하게 산다는 생각이 들고, 나는 엄마로서 정말 최소한의 것을 요구하고 있을 뿐이라는 생각도 듭니다. 아이를 다그칠 때면 나를 다그치던 엄마의 모습이 느껴지기도 합니다. 이제 엄마에 대한 원망도 내려놓고 어린 시절의 나를 좀 더 따뜻하게 안아 주고 싶습니다."

참여자들은 각자의 어린 시절에 대한 이야기를 해 주었습니다. 그리고 서로의 어린 시절을 위로해 주고, 부모로 사느라고 애썼으며 이렇게 만나서 반갑고 고맙다고 서로를 응원하고 격려했습니다.

이처럼 자신의 어린 시절을 돌아보기 시작하면 아이를 대하는 자신의 모습을 좀 더 객관적으로 바라볼 수 있고, 과거에 자신을 대했던 부모의 모습을 답습하는 행동에서 벗어날 수 있습니다. 과거가 아니라 현재를 이해하고, 지금 내 아이가 놓여 있는 상황에 맞춰 아이를 이해하고 공감하려는 마음을 풍부하게 가질 수 있는 것입니다.

뜻밖에도 자신의 어린 시절 부모와 부모가 된 자신을 비교하면서, 자신은 아이를 위해서 많은 것을 양보하고 있다고 억울해하는 부모들이 많습니다.

"우리 어렸을 때를 생각해보면 지금 아이들은 진짜 행복한 것 아닌가요?"

"내가 얼마나 너를 위해서 희생하고 있는데……."

"아빠가 어렸을 적에는……."

"너는 행복한 줄 알아."

마음속에 이런 말과 생각이 도사리고 있다면 어린 자녀를 현재 시점에서 돌봐 주기 어렵습니다. 자신의 어린 시절의 슬픔, 상처, 억울함과 결별할 수 있을 때 아이를 지금 현재의 시점에서 바라볼 수도 있습니다.

부모 자식 사이뿐 아니라 부부 사이에도 상대방의 어린 시절 이야기를 서로 나누면 상대방의 여러 가지 측면을 더 깊게 이해할 수 있습니다. 대화를 통해 기억 속에 남아 있는 어린 시절을 직시하고 위로하는 것입니다. 그러는 과정에서 어린 시절에 대한 집착을 버리고 어른으로 성장합니다.

남편은 지금도 자신의 청소년 시절을 이야기할 때면 눈물을 글썽거리곤 합니다. 경제적으로 무척 어렵고 힘들었고 집안에 불화가 이어졌으며 전쟁 같은 나날을 보냈던 시절에 대한 기억 때문입니다.

우리는 살면서 서로의 어린 시절에 대한 이야기를 자주 나누었습니다. 그리고 이야기 속에서 힘들어하는 어린 아이를 달래 주고 활달하고 순수한 모습에 대해서는 애정을 표현해 주었습니다. 서로의 어린 모습에 대한 적극적인 지지자가 되어 주는 겁니다.

자기가 어릴 때에 비하면 아이들이 경제 개념이 없고 돈을 낭비한다고 불평하던 남편은 자신의 과거에서 자유로워질수록 아이들에게 너그러워졌습니다. 과거 자신의 모습과 현재 아이들의 생활을 비교하면서 트집을 잡는 모습이 점차 사라지며 '지금 현재'의 아이들에게 집중하기 시작했습니다. 자신의 과거와 아이들을 비교하는 대신 당면한 상황과 조건 속에서 아이들을 바라보고, 지금 필요한 것이 무엇인지를 생각하는 방식으로 아이들을 대하는 태도가 바뀐 것입니다. 그러면서 남편과 아이들과의 관계도 개선되어, 이제 아이들은 아빠가 말을 걸면 든든해서 기분이 좋고 조언도 진지하게 듣게 된다고 합니다.

✶ 영웅의 탄생

어느 휴일, 나는 거실을 깨끗하게 치우고 탁자에 예쁜 식탁보를 씌웠습니다. 꽃병에 꽃도 꽂아 올려놓았습니다. 거실에 나온 아들이 물었습니다.

"누구 와요?"

"아니. 우리 아들과 차 한 잔 하려고."

"정말?"

아이들은 자신을 특별한 손님처럼 정성껏 대하는 이런 시간을 오래 기억합니다. 이날 아들과 나는 별다른 이야기를 나누지는 않았습니다. 그저 준비한 차를 마시며 잠시 같은 시간을 공유하고 짧은 담소를 나누었을 뿐입니다.

말이 쉽지, 이런 습관이 되어 있지 않은 가족끼리 함께 차를 마시며 대화를 나누는 것은 무척 어려운 일입니다. 아이들은 갑자기 대화를 시도하는 부모를 어색해하며 꿀 먹은 벙어리가 되기 십상이고, 부모 역시 무슨 이야기를 해야 할지 몰라 우물쭈물 음식만 먹다가 딱딱해진 시간을 수습하기 쉽습니다.

꼭 용건이 없더라도 아이와 대화를 하고 싶다. 그러나 무슨 이야기를 해야 할지 모르겠다. 이럴 때는 '영웅의 탄생'에 대한 이야기를 나눌 것을 추천합니다. 강하고 아름다운 한 인간이 어떤 사연 속에서 태어났고 얼마나 많은 관심과 사랑을 받으며 자라났는지, 자라면서 얼마나 끊임없이 주변에 놀라움과 즐거움을 주었는지에 대해서 말입니다.

아이들은 영웅 이야기에 관심이 많습니다. 위대한 인물을 숭배하고 따라다니고 열광합니다. 자신들이 숭배하는 영웅의 탄생과 성장, 사랑에 대해서도 관심이 많습니다. 주로 청소년들을 타깃으로 하는 젊은 가수들을 '아이돌(idol, 우상)'이라고 부르게 된 것도 이런 성향과 무관하지 않을 것입니다.

이처럼 누군가를 숭배하는 심리에는 자신도 그런 특별한 관심과 사랑을 받고 싶다는 욕망이 숨어 있습니다. 위대하고 의미 있는 존재가 되고 싶다는 열망이 있기 때문에 위대한 어떤 것에 가까이 가고자 하고, 그 일부가 되고 싶어 대상과 자신을 동일시합니다. 숭배하는 존재의 옆에서 그들의 힘을 키우는 데 기꺼이 복무하며 즐거움과 보람을 느낍니다. 여러 사람들이 관심을 갖는 존재와 함께 노래를 부르고 소리를 치면서 자신의 존재감을 확인하고 세상의 일부가 되는 느낌을 받는 것입니다.

사회적으로 어떤 가치관을 가진 영웅이 조명되느냐는 아이들의 가치관에 많은 영향을 줄 수 있습니다. 때문에 미디어의 역할이 중요합니다. 어떤 인물을 조명하여 스타로 만드는지에 따라 아이들이 따르고 배우고자 하는 인간상이 정해집니다. 미디어가 어떤 인물을 스타로 만드느냐는 결국 우리 사회가 나아가는 방향을 비추는 거울이라고도 할 수 있습니다.

같은 심리에서 아이들은 자신의 출생과 성장에 대한 이야기를 좋아합니다. 아빠와 엄마가 어떻게 만났고 어떻게 사랑했는지를 궁금해합니다. 학교 교사에게 첫사랑 이야기를 해 달라며 조르기도 합니다. 이는 남녀상열지사 자체에 관심이 있어서라기보다는 자신과 관련이 있는 가까운 어른, 알게 모르게 역할 모델이 되고 있는 사람들의 특별한 이야기에 호기심을 품기 때문입니다.

아이들은 자신의 탄생과 성장이 그들이 추종하는 영웅의 탄생처럼 의미 있기를 기대합니다. 세상의 모든 영웅의 탄생과 성장기에서 볼 수 있는 신비가 자신에게도 적용되기를 바랍니다. 이런 심리적 특징을 가진 아이들에게 부모의 로맨스는 매우 중요한 의미를 지닙니다. 자신을 낳은 부모들의 행동이 필연적인 인과 관계와 지극한 사랑을 담고 있기를 바라는 것입니다.

때문에 아이들이 가장 싫어하는 이야기 중 하나가 "우연히 네 아빠(엄마)를 만났고 어쩌다 보니 네가 태어났다. 그렇지만 낳아 보니 네가 너무 사랑스러웠고, 나는 너를 사랑하고……"로 시작하는 이야기입니다. 과정이 생략되고 자신의 생명이라는 결과만 존재하는 이야기에는 특별한 로맨스와 상상이 끼어들 자리가 없습니다. 앞으로 잘살아야 한다는 의무감, 부모의 결핍을 채우기 위한 역할로서의 자신에 대한 고민만 재생산하기 때문에 아이들의 흥미를 유발하지 못합니다. 자신의 출생에 대한 이야기에서 흥미를 발견하지 못한다는 것은 특히 사춘기 청소년들에게는 서글픈 약점일 수 있습니다.

아이들에게 필요한 이야기는 자신이 태어나기까지의 과정입니다. 엄마와 아빠가 젊고 아름다운 나이에 서로를 만나 아끼고 사랑했던 이야기, 부모들이 자신을 매개로 간직하고 있는 소중한 추억들을 통해 자신의 특별함과 존재감을 확인합니다.

부모가 서로를 사랑하는 모습은 아이들에게 자신의 존재에 대한 자부심을 가지게 합니다. 부모의 사이가 좋을수록, 서로 간의 갈등을 감정적이지 않고 평화롭게 해결할수록 아이의 자존감이 높아지는 것은 그래서입니다. 사람이 태어나기 전에 무수히 많은 사연과 망설임과 용기를 내는 과정이 있었다는 사실은 인간 생명에 대한 경외심을 갖게도 해줍니다.

물론 모든 부모에게 아름다운 사연이 존재할 수는 없습니다. 부끄러워서 아이에게 자세히 이야기하지 못하는 것일 수도, 들려 줄 만한 이야기가 정말 없어서 못하는 것일 수도 있습니다. 그렇더라도 슬퍼할 필요는 없습니다. 아이들이 가장 중점적으로 관심을 가지는 부분은 자신이 태어나 부모가 행복해졌는지의 여부입니다. 농담으로라도 "너 때문에 내 인생을 망쳤다", "너를 낳기 전에는 내가 이렇지 않았다" 같은 말을 부모에게 듣게 되면 아이는 자신이라는 존재를 사랑하기 힘들어집니다.

내가 아는 한 엄마는 남편과 이혼하고 딸을 혼자 키웠습니다. 딸은 엄마가 경제적으로 고생하는 것을 지켜보며 늘 안타까워했습니다. 그에 반해 사업가로 성공해 여유 있게 사는 아빠를 만나고 오는 날이면 불평을 하기도 했습니다. 그렇게 세월이 흐르고 딸도 스무 살이 넘은 어른으로 성장했습니다. 대학 졸업을 앞둔 어느 날, 딸이 이렇게 물어보았다고 합니다.

"엄마, 엄마는 과거로 돌아갈 수 있는 기회가 생긴다면 언제로 돌아가고 싶어?"

"돌아갈 수 있다면 스물세 살 때로 돌아가고 싶어. 그때로 돌아가서 진로를 바꿔 중학교 국어 선생님이 되고 싶어."

"진로를 바꿀 거면 고등학생 때로 돌아가야지. 왜 스물세 살 때야?"

"그 전으로 돌아가면 네 아빠를 못 만나고 너를 낳지 못하잖아. 일단 너는 꼭 낳아야 해. 그러고 나서 운명을 바꿔야지."

엄마의 대답을 들은 딸의 입가에 그때서야 미소가 번졌다고 합니다.

사람은 누구나 자신이 부모에게 소중한 존재로, 환영받는 영웅으로 태어났기를 기대합니다. 특히 사춘기 청소년들은 자신의 탄생에 대한 의미를 부여하는 과정에서 자아 존중감이 크게 성장합니다.

배우자와 헤어졌거나 피치 못할 사정으로 혼자 아이를 키우고 있다면, '지금은 헤어졌지만 한때는 진심으로 사랑했다'는 점, '설레고 좋아서 만났고 너를 낳았다'는 점, '너를 위해서라도 잘살아 보려고 노력했지만 서로 맞지 않았고 상황도 어려워서 헤어지게 되었다'는 점을 부끄러워하지 말고 말해 줍시다. 힘들 때도 있지만 너와 함께하는 것이 행복하고 고맙다는 이야기 등, 혼자 아이를 키운다는 데서 비롯되는 감정을 아이 앞에서 감추거나 피하려고만 하지 말고 가끔씩은 직접적으로 토로하며 애정을 표현하면 좋겠습니다. 이러한 이야기들은 아이로 하여금 자기 자신의 소중함을 일깨워 주고, 평생을 열심히 살아야 할 동기를 부여해 줍니다.

미래 사회는 초연결 사회

미래의 공부는 혼자가 아니라 함께하는 것

★ 연결의 힘

K 교사는 영어 교사로 일하는 30대 초반의 시각장애인입니다. 그는 교육 활동이 어렵지 않느냐는 질문에 늘 환하게 웃으면서 즐겁다고 답합니다. 그는 학교 교사일 뿐 아니라, 내가 일하는 교육 단체의 회원으로 크고 작은 행사에 참여하는 사회 활동가이기도 합니다. 교육에 대한 이야기를 나누던 중 그에게서 들은 이야기는 감동을 주었습니다.

5월 어느 월요일 아침, 그는 평소와 마찬가지로 학교 근처의 전철역 출구를 나와 인도에 발을 내딛었습니다. 그런데 그 전까지 없던 것을 발 아래 느꼈습니다. 바로 시각장애인을 위한 노란 점자 유도 블록이었습니다. 그는 점자 블록을 밟으며 걷는 출근길이 매우 반갑고 편안했다고 합니다.

며칠 전까지만 해도 없던 점자 블록이 무슨 연유로 깔린 것일까요? 그는 몇 주 전 자신을 찾아온 1학년 학생들 네 명을 떠올렸습니다. 아이들이 찾아와 인터뷰를 했던 것입니다. 학생들은 "시각장애인으로서 학교 생활을 하시며 불편한 것은 없으신가요?"라고 물어보았고, 그는 학교 생활에는 어려움이 없는데 출퇴근길에 점자 블록이 없어서 불편하다는 얘기를 지나가듯 했습니다.

그는 혹시 그 학생들이 민원을 넣은 것이 아닐까 하는 생각으로 해당 학생들을 만났습니다. 아니나 다를까 학생들은 자신들이 '구청장에게 바란다'라는 어플에 글을 올렸다고 대답했습니다.

중학교 1학년 학생들이 이 교사에게 너무나 큰 선물을 해주었습니다. 그들은 한 사람의 삶에 잊을 수 없는 추억을 만들어 주었고, 매일 지나는 길을 더 행복하고 아름다운 길로 바꾸어 주었습니다. 학생들에 대해서 이야기하는 그의 얼굴에는 고마움과 행복이 가득했습니다.

해당 학생들이 구청 사이트에 올렸던 민원 글의 내용을 소개합니다.

제목 : 시각장애인용 유도 블록 설치

OO역에서 OO초등학교 쪽으로 깔린 시각장애인 유도 블록이 반대 방향으로만 설치되어 있어 제 기능을 하지 못하고 있습니다. 실제 OO중학교에 근무하시는 시각장애인 선생님이 출근길에 어려움을 겪는 모습을 보았는데 위험해 보였습니다. 강남구는 장애인 시설이 잘 되어 있다고 알고 있었는데 이번 경우를 보니 말도 안 되는 경우가 많더군요. 빠른 시일 내에 시정해서 시각장애인들이 안전하게 다닐 수 있도록 교체 바랍니다.

이 아이들은 K 교사가 겪는 어려운 상황에 대해서 공감했기 때문에 어려움을 개선해 줄 수 있는 방법을 찾아보았고 구청에 자신들이 민원을 넣는 적극적인 행동으로 문제를 해결했습니다.

이 학생들은 주기적으로 토론을 하는 작은 모임을 가지고 있었습니다. 혼자였으면 하지 못했을 생각, 하지 못했을 행동을 여럿이 만나 함께 의논했기 때문에 실질적으로 상황을 바꿀 수 있는 방법을 발견했고 실천에 옮겼습니다. 공감은 여럿이 함께할 때 더 큰 힘이 되어 행동을 이끌어 냅니다. 문제를 새로운 각도에서 바라보고 변화를 일으키는 동력이 되어 줍니다.

이제까지 어른들은 아이들에게 교과목에서 제시하는 것 외의 사회교육을 시키지 않았고, 아이들에게 현실 이야기를 하는 것을 꺼려하기까지 했습니다. 하지만 앞에서도 살펴보았듯 삶과 밀접한 사회적 문제는 토론 교육의 주제로 아주 적합하며 아이들에게 풍부한 의견과 다양한 관점을 끌어냅니다.

다가올 시대의 공부는 혼자 하는 공부가 아닌 함께하는 공부, 한 문제를 놓고 여럿이 의견을 나누고 더 나은 해결 방법을 모색하는 공부입니다. 책상에 앉아 말없이 혼자 문제를 푸는 방식은 구시대의 것이 될 것이며, 변화하는 시대를 살아가야 할 아이에게 강요할 수 없는 공부 방식입니다.

공부란 본래 문제를 해결하기 위해 하는 것이며, 앞으로 아이들이 풀어 가야 할 문제는 정보 암기로 답을 찾을 수 있는 단순한 것들이 아닙니다. 미래에는 단순 정보 탐색적인 문제는 기계가 해결할 것이며, 사람들은 더 창조적이고 고차원적인 문제를 해결하기 위해 애써야 할 것입니다. 직업과 일자리 역시 그를 중심으로 재편될 것이고, 어릴 때부터 하는 공부 역시 그 흐름에 맞추어 바뀌어야 합니다.

공감 능력, 회복 탄력성, 예술 감수성이 미래 시대의 공부를 하기 위한 기본 능력이라면 토론과 협력은 공부의 방식입니다. 가정, 학교, 사회 모두가 아이들에게 협력을 가르쳐야 할 때가 빠르게 다가오고 있습니다. 그러기 위해서는 크고 작은 모임을 통해 부모와 아이 모두가 함께하는 공부에 익숙해져야 할 필요가 있습니다. 지금까지 혼자 하는 공부에만 익숙해져 있었다면 하루빨리 새로운 방식을 받아들여야 합니다.

✦ 함께 배우는 학부모 모임

아이들뿐 아니라 부모도 모임을 통해 협력과 토론의 기쁨을 경험하는 시간이 필요합니다. 부모들은 너무나 오랫동안 개별적으로 가정에서 아이들의 교육을 감당해 왔습니다. 때로는 힘들고 외롭기도 할 것입니다. 다른 사람들은 부모 노릇을 잘하고 있는데 나만 부족한 것 같아 위축되거나 눈물을 흘리는 때도 있었을 것입니다.

이제까지 자녀 교육에 대해 혼자서만 고민하고 있었다면 용기를 내어 같은 고민을 하는 학부모 모임에 참여해 보는 것을 권하고 싶습니다. 각 학교와 지역에서는 부모 교육 프로그램이 다양하게 진행되고 있으며, 동료의 참여를 기다리는 크고 작은 부모 모임들이 있습니다.

나는 학교에서 오랫동안 학부모 독서 모임을 진행해 왔습니다. 또래 아이의 부모들이 함께 만나서 같은 책을 읽고 이야기를 나누는 모임입니다. 부모님들은 이러한 모임을 통해서 아이, 아이의 또래 친구, 동료 부모들을 만납니다. 함께 읽을 책을 고를 때도 아이들 또래의 주인공이 등장하는 성장 소설을 중심으로 골라서 읽습니다. 책을 통해 아이들의 삶을 들여다보며 울기도 하고 웃기도 합니다. 부모들은 모임에 나오며 좋았던 점으로 이런 내용을 꼽았습니다.

> "나와 같은 고민을 하는 부모들을 만나면서 내 고민이 모두의 고민이라는 걸 알게 됐어요. 안심이 되었습니다."

"아이를 바라보는 시각이 좀 달라졌습니다. 예전에는 이해가 가지 않던 아이의 행동을 다른 아이도 다 비슷하게 한다는 걸 알았어요. 우리 아이만 이상한 게 아니었어요."

"마음의 여유가 생겼어요. 아이가 말대꾸를 해도 흥분하기보다는 웃으며 대하는 저 자신을 발견하게 됩니다."

"우리 애가 엄마가 좀 편해졌다고 하더라고요."

"내 전용 책꽂이를 만들라고 하셨잖아요? 거실 책장 중 한 부분을 나누어서 그림도 붙이고 장식을 해서 내 책꽂이를 표시한 다음 읽은 책들을 꽂아 놓았습니다. 그랬더니 하루는 애가 내 책꽂이 앞에서 내가 읽은 책들을 보고 있었어요. 기분이 묘하게 좋았습니다."

부모들은 몇 달 동안 모임을 가지며 자신이 변했음을 느꼈다고 합니다. 아이를 바라보는 관점도 달라졌고, 그러다 보니 자연스럽게 아이와의 관계도 좋아졌다는 것입니다. 독서의 중요성을 강조하며 아이에게 책을 읽으라고 눈을 부릅뜨고 지켜볼 때는 한 장을 넘기지 않던 아이들이 부모가 독서 모임을 시작하고 집에서 책을 읽자 부모가 읽는 책에 관심을 보이기 시작했다고도 합니다.

한 번은 여러 독서 모임끼리 뭉쳐 모임의 효용에 대한 이야기를 나눈 적이 있습니다. 약 200여 명의 사람이 각자 경험을 말하기 시작하자 한 사람이 하는 강의를 통해서는 배울 수 없는 다양한 생각과 경험들이 공유되었습니다. 그때 나왔던 이야기를 종합해 보겠습니다.

첫째, 모임을 통해 다양한 관점을 배웁니다. 많은 사람들이 다른 사람의 이야기를 듣고 감정에 공감할 수 있는 것이 함께 책 읽기의 가장 좋은 점이라고 꼽았습니다. 혼자 책을 읽을 때는 생각하지 못했던 부분까지 짚어 보게 되고, 같은 내용도 다른 관점에서 보니 전혀 다른 의미로 해석할 수 있음을 깨달았다는 것입니다. 그 전까지 가지고 있던 편견이나 고정관념을 돌아보게 되어 자기 자신의 시야가 더 넓어지는 느낌을 받습니다.

둘째, 모임 준비를 하며 성장합니다. 아무리 작은 모임이라도 모임을 가지기 위해서는 준비를 해야 합니다. 공통 주제에 관해 돌아가면서 자신의 의견을 말해야 하니까 모임에 가기 전에 생각을 메모하기도 하고 책 속에서 마음에 와 닿는 구절을 적어 보기도 합니다. 그 다음 여러 사람들 앞에서 의견을 말하다 보면 자신감이 생깁니다. 어떤 때는 내가 이렇게 발표를 잘하나 싶어져 스스로가 기특해지기도 합니다.

셋째, 만나서 이야기를 나누는 그 자체가 힘이 됩니다. 모임을 통해 나만의 친구와 선배, 후배들을 가질 수 있기 때문입니다. 나이가 들수록 새로운 사람을 만나기 힘들고, 회사나 학교라는 집단에 묶여 있지 않으면 더욱 그렇습니다. 모임에서는 다양한 사람과 관계를 맺을 수 있고, 생활 속의 고민이나 어려움을 나누며 도움을 받기도 합니다. 즐거운 일이 있으면 서로 축하도 나눕니다. 내 고민을 말할 사람, 내 편이 있다는 심리적 든든함이 생깁니다. 각자 가진 차이를 뛰어넘어 함께 책을 읽고 이야기를 나누면서 같은 집단이 되는 것입니다.

고민하고 확신 없이 흔들리던 부모 한 사람 한 사람이 모임에서 정기적으로 만나며 더 이상 혼자가 아니라는 사실을 인식하는 과정을 옆에서 지켜보면 감동적일 정도입니다. 인간은 사회적 존재입니다. 아이들은 부모가 모임을 즐기는 모습을 보며 다른 사람과 함께 살아가는 방식을 배웁니다. 부모 모임은 그 자체만으로도 위로와 배움을 주지만, 지역 안에서 여러 가지 크고 작은 교육적 역할을 할 수 있는 모임으로 성장하기도 합니다.

✶ 배움의 공동체

배움의 공동체는 교사들이 수업을 배우고 나누는 전국적인 단위의 연구 모임입니다. 이 모임에서 가장 중요하게 여기는 것은 동료 교사들의 수업을 함께 보고 연구하는 활동입니다. 동료 교사가 수업하는 곳에 찾아가 직접 보기도 하고, 영상으로 공유하기도 합니다.

여기서는 제가 배움의 공동체 교사들의 연수 활동 중, 한 수학 교사의 수업 영상을 보면서 이야기 나누었던 내용을 소개하고자 합니다. 교사가 학생들을 어떻게 돕는지, 학생들이 학급 친구들과 서로 도우면서 어떻게 배우고 성장하는지를 살펴보겠습니다.

고등학생들의 수학 수업입니다. 수학은 학생들의 실력에 따라 편차가 많이 나는 과목입니다. '수포자'라는 말이 있을 정도로 학년이 높아지며 아예 포기하는 학생들이 많이 나오는 과목이기도 합니다.

수업이 시작되자 교사는 예시 문제의 풀이 과정을 설명해 주고, 학생들에게 풀어야 할 문제들이 담겨 있는 활동지를 나누어 주었습니다. 학생들은 서너 명씩 모둠을 이루어 함께 문제를 읽고 고민하고, 서로 의논을 하며 문제를 풀어 나갔습니다. 문제를 한참 동안 들여다보던 한 학생이 말합니다.

"1번부터 막혀서 속상해."

답을 알 수 없어 속상한 마음을 솔직하게 친구들에게 표현합니다. 이렇게 말할 수 있으면 그 교실 안에는 공동체가 살아 있는 것입니다. 교사가 일방적으로 수업을 진행하며 교사와 학생, 학생과 학생이 서로 이야기를 나누지 않는 교실에서는 이런 불평이 나오지 않습니다. 친구에게 이런 심정을 토로하지도 않습니다. 대개는 몰라도 더 이상 알려고 하지 않고 지레 포기합니다. 무기력하게 엎드려 있는 경우도 많습니다.

"어디서 막혔는데?", "여기까지는 맞았네" 같은 반응이 나오며 한 모둠의 학생들이 관심을 가지고 함께 문제를 살핍니다. 그러다가 자기들끼리 웃더니 한 아이가 설명을 시작했습니다. 모둠 안에서 해결이 안 되면 다른 모둠에 찾아가 물어보고, 돌아와 자기 모둠의 친구들에게 설명을 전달하는 학생도 있습니다. 그런 모습을 지켜보던 교사는 학생들 중에서 대표로 설명을 할 수 있을 만한 아이를 발견합니다.

"칠판에 나가서 그림을 그려 볼래? 그리고 어떻게 그렸는지 설명해 줄래?"

한 학생이 칠판에 나가서 문제를 풀고 설명을 했습니다. 잘 풀이한 부분은 칭찬해 주고, 잘못 설명한 부분은 교사가 바로잡아 주었습니다. 수업 영상을 모두 보고 난 후, 해당 수업을 공개했던 교사가 말했습니다.

> "친구들과 서로 묻고 대답할 수 있는 구조와 관계를 만들어 주는 것이 교사의 중요한 역할이라고 생각합니다. 이런 식으로 수업을 진행하면서 깨달은 점이 있는데, 확실히 다른 사람을 배려할 줄 아는 학생들이 문제를 더 잘 가르쳐 주고 설명도 잘해요."

지금까지 우리의 교육 체제는 입시 경쟁 중심이었습니다. 학생들은 서로 머리를 맞대고 문제를 논의하고 답을 구하기보다는 한 교실에서도 다른 친구들을 경계하며 아는 것도 말하지 않고 혼자 문제를 풀었습니다. 그러나 정말로 아이들의 학습능력을 높여주는 방식은 함께 논의하는 수업입니다.

"배려할 줄 아는 아이가 더 잘 가르친다"라는 말에 핵심이 있습니다. 인류의 지식은 독점욕이 아니라 공유하려는 욕망을 기반으로 발전해 왔습니다. 인간이 남들보다 많이 알고 새로운 것을 발견하고 싶어 하는 이유는 고작 시험 점수 몇 점을 남들보다 더 받기 위해서가 아닙니다. 지식을 추구하는 욕망은 타인과 그 지식을 나누고 싶어 하는 데서 시작됩니다. 이는 남들에게 도움을 줌으로써 자신의 존재를 인정받으려는 인정 욕구와도 이어져 있습니다. 협력 방식의 수업은 이런 지식 추구욕을 자극합니다.

배려심은 곧 공감 능력에서 나오며, 이는 단순히 인간관계에서의 미덕에 그치지 않습니다. 학습능력을 관장하는 중요한 심리입니다. 친구들을 돕고 싶어 하는 마음이 큰 학생일수록 자신이 아는 것을 나누고자 합니다. 그러기 위해서 더 열심히 공부하고, 어떻게 해야 더 잘 전달할 수 있을지를 고민합니다. 잘 모르는 것을 탐구하고 부족한 면을 보완합니다. 자기들끼리 문제가 해결되지 않을 때 다른 모둠을 찾아가 답을 알아내고, 그 답을 자기 모둠에 전달하는 학생들은 바로 이 배려심이 강한 학생들입니다.

교실 안의 공동체를 살리고, 학생들끼리 서로 도움을 주고받으며 공부할 수 있게 하면 아이들의 공감 능력과 배려심이 성장합니다. 이는 곧 학습능력의 성장입니다. 교사가 말을 멈추고 학생들이 중심이 되는 모둠 활동으로 전환되면 교실 안의 분위기가 활기를 띱니다. 학생들이 서로에게 말을 걸기 시작하면서 수업이 살아납니다.

학생들이 스스로 풀어야 할 문제를 받아들이고, 서로 설명하고 함께 고민하면서 문제를 해결할 수 있는 힘이 만들어집니다. 이때 교사의 역할은 일방적으로 지식을 전달하는 것이 아니라, 지난 시간에 배웠던 지식과 지금 이 순간의 지식을 연결해 주고 아이들이 스스로 깨달은 것을 공유할 수 있는 기회를 만들어 주는 것입니다.

특별한 내 아이? 훌륭한 시민을 만드는 교육이 대안이다

★ 토론은 민주시민 교육의 시작

청소년들은 사회적인 문제에 관심이 많습니다. 정치 문제에도 관심이 많아서 중요한 선거가 실시될 때면 어른들에게 누구를 찍을 것이냐고 물어 보기도 하고 잘못 뽑으면 안 된다고 걱정을 하기도 합니다.

부모와 교사들은 아이들이 아직 어리다고 생각하지만 요즘은 미디어의 발달로 초등학교 고학년이나 중학생쯤 되면 사회나 정치 문제에 관심이 많고 관련 정보를 그들끼리 공유합니다. "그런 데 관심 끄고 공부나 하라"고 핀잔을 주기보다는 정치적인 현안이나 사회 현안에 대하여 토론하고 자신의 관점을 정립할 수 있도록 교육하는 것이 필요한 시기입니다.

한국의 교육기본법 제2조에는 우리 교육의 목적이 '민주시민으로서 필요한 자질을 갖추는 것'이라고 명시하고 있습니다. 이러한 교육기본법에 근거하여 2015년 개정 교육 과정에서는 민주시민의 특징을 정의하고 있는데, 중학교 교육 목표에서는 '민주시민이란 공동체 의식을 바탕으로 타인을 존중하고 서로 소통하는 능력을 가진 사람'이라고 설명합니다. 고등학교 교육 목표에서는 '세계와 소통하는 능력'을 민주시민이 가져야 할 능력으로 보고 있습니다.

종합해 보면 민주시민이 갖추어야할 핵심 역량은 '상호 존중하고 소통하는 능력'이라고 할 수 있습니다. 자신과 타인을 존중하고 서로 소통하는 사람이 민주시민이며, 민주시민이어야 세계와 소통하는 능력을 갖출 수 있습니다. 시민으로서의 능력은 4차 산업혁명 시대를 대비하는 미래 교육에서 더욱 강조되고 있습니다.

청소년들은 어른들이 생각하는 것보다 훨씬 더 토론을 좋아합니다. 자기 의견을 피력하고, 다른 사람의 의견을 들으며 공감하고, 궁금한 점에 대해 질문하고, 다른 의견에 반론을 제기하며 생각의 변화를 느끼는 것은 즐거운 일입니다.

토론 수업 중 가장 기억에 남는 것은 '중학생은 결혼하면 안 되는가?'라는 주제로 진행했던 토론입니다. 주제를 자유롭게 정해도 된다고 했더니 아이들끼리 정한 주제입니다. 아이들이 토론 주제를 정했을 때 사실 나는 주제를 아이들에게 정하도록 맡긴 것을 얼마나 후회

했는지 모릅니다. 온갖 자극적인 이야기만 나오다가 토론이 끝날까 봐 걱정도 되었습니다. 토론을 시작하자 우려했던 대로 결혼하기까지의 남녀 관계에 대한 이야기가 계속되었고, "으", "와" 등 감탄사만 연발하는 시간이 이어졌습니다. 남녀 이야기와 감탄만 하며 한 시간을 보냈습니다. 한 시간 동안 이어진 대화는 "결혼을 하면 보통 아기가 태어난다"라는 결론으로 마무리되었고, 연장 토론을 한 차례 더 하기로 했습니다.

두 번째 시간에는 "그렇다면 아기를 어떻게 키울 것인가"에 대한 토론이 진행되었습니다. 이때부터는 제법 진지하게 아기를 키우는 데 들어가는 비용과 경제적 부담, 학업을 계속하는 문제들에 대해서 토론하였습니다. 조사해 온 내용을 바탕으로 아기의 분유 값, 기저귀 값 등 여러 비용들을 계산해 발표하는 학생도 있었습니다. 중학생은 미성년자로 제대로 일을 할 수 없으며, 따라서 경제적으로 독립할 수 없기 때문에 결혼해서 살아가는 것은 힘들다는 이야기가 나왔고, 아기도 제대로 돌보지 못하므로 불행할 가능성이 크다는 등 다양한 의견들을 주고받았습니다. 토론이 마무리될 무렵, 대부분의 학생들은 중학생인 지금 상황에서 결혼을 선택하지 않겠다는 결론을 내렸고 토론이 마무리 되었습니다.

'아기를 어떻게 키울 것인가'라는 문제가 토론 의제로 제출되었을 때, 어떤 학생은 "좋은 생각이 났어. 엄마에게 키워 달라고 하자"라고 말했습니다. 그러자 한 아이가 "말도 안 돼. 우리 엄마는 나도 키우기 힘들다는데 아기까지 어떻게 키워?"라고 반론해 발언을 취소했습니다. 학생들은 아기를 낳고 키우는 이야기를 기대 이상으로 진지하게 나누었으며 비용을 꼼꼼히 따져보았습니다.

토론의 마무리 즈음에서 한 학생이 "나는 좋은 아빠가 되고 싶다. 그런데 중학생은 좋은 아빠가 되기에는 부족한 점이 너무 많다"라고 했을 때, 박수를 치며 공감하던 학생들을 잊을 수가 없습니다.

이 토론을 진행하는 학생들을 지켜보던 나는 처음에 염려했던 것에 비해 많은 것들을 학생들로부터 배웠습니다. 아이들에게 토론이 필요한 이유는 직접 깨닫기 위해서입니다. 어른이 단상 앞에 서서 "너희는 아직 어려서 결혼할 수 없다"라는 말을 주입식으로 되풀이해서는 두 시간을 몽땅 쏟아도 아이들은 진심으로 납득하지 못했을 것입니다.

토론과 논쟁을 통해서 생각하는 힘을 기르는 것은 민주시민 교육의 첫 단계입니다. 아이들은 사회 공동체 안에서 자신이 공동체의 주인임을 스스로 인지하고, 사회 현안에 대해 고민하고 판단할 수 있어야 합니다. 다른 사람과 협력하고 각종 활동에 참여하며 새로운 질서를 만들어 갈 능력이 필요합니다. 중요한 것은 지금까지의 질서에 적용했던 법과 규칙이 아니라, 새로운 시대에 맞는 새로운 질서를 만들어 갈 수 있는 힘입니다.

특히 학교 교육은 목적과 철학적 방향, 적용 방법이 모두 민주적이어야 합니다. 이러한 원칙이 지켜지지 않으면 이해관계를 가진 집단이나 자신에 대한 우월감에 사로잡혀 있는 엘리트 집단들이 자신들의 생각을 주입시키려는 의도로 교육 과정을 편성하거나 진행하게 됩니다. 학생들은 스스로 생각하고 판단하는 삶의 주인이 아니라 다른 사람의 목적에 따르는 희생양으로 성장하게 될 것입니다.

아이들이 엉뚱한 질문을 하거나 어른과 다른 주장을 하더라도 당황하거나 자신의 생각을 강요하기보다는 아이에게 의견을 펼칠 수 있도록 기회를 주어야 합니다. 아이가 자신의 생각과 다른 이야기를 할 때는 화를 내거나 강요하는 대신 이렇게 말하는 연습이 필요합니다.

"나도 생각 좀 해 봐야겠다."

"그렇게 생각하는 이유가 뭔지 말해 줄래?"

"나는 네 의견이 중요하다고 생각해. 그러니까 좀 더 자세하게 이야기해 줄래?"

"너와 생각이 다른 의견들도 있는데, 그 점에 대해서는 어떻게 생각해?"

아이들이 미래의 주인공일 뿐만 아니라 그들이 살고 있는 현재의 삶에서도 주인공임을 기억해야 합니다. 지금 이 순간, 자신의 삶에 대한 주인 의식을 심어 주기 위해서는 아이들이 자신의 생각을 말할 수 있는 기회를 자주 마련해야 합니다.

✶ 독일의 보이텔스바흐 합의

2016년 여름, 경북 성주군민들과 김천시민들은 전략 무기인 사드 배치에 반대하는 촛불집회를 진행했습니다. 이 촛불집회에는 많은 중학생들과 고등학생들이 참여했으며, 전국의 학부모들과 교사, 학생들도 이 문제에 대한 관심을 갖고 의견을 제시하였습니다. 찬성과 반대에 대한 의견이 대립되었고, 논쟁이 진행되었습니다.

본격적인 논란은 이후에 발생했습니다. 교육부가 '사드의 안전성이 입증됐다'는 내용을 담은 공문을 전국의 시·도 교육청에 발송한 것입니다. 이 공문에서 교육부는 해당 내용을 교직원, 학부모, 학생들에게 전달하라고 했고 사드 홍보 안내 책자를 발송하며 학생들이 집회에 참여하지 못하도록 안내하라고 지시했습니다.

교육부의 공문과 지침은 전국적으로 많은 논란을 불러일으켰습니다. 교육청이 군사 시설에 대한 홍보를 했다는 점에 대한 비판, 논란이 되는 정치적인 내용에 대해 균형 있는 교육이 필요하다는 비판, 학교의 교육기관으로서의 역할을 무시하는 행정이라는 비판 등이 이어졌습니다.

이와 같은 사회 정치적인 쟁점이 되는 현안들을 '학교에서 어떻게 교육할 것인가'의 문제는 한국뿐 아니라 전 세계의 교육자들이 고민해 왔던 문제입니다. 이러한 사회 정치적인 현안들을 어떻게 가르치느냐의 문제는 민주시민 교육과 밀접하게 연결되어 있기 때문입니다.

사회 문제에 대한 특정 입장을 주입시키는 일방적인 교육은 학부모도 교사도 바라지 않으며 아이들의 성장에도 도움이 되지 않습니다. 그렇다고 우리가 살고 있는 현실에서 일어나는 일들을 완전히 외면하고 추상적인 원칙만을 가르치는 것도 아이들의 삶에 도움이 되기 어려운 방관자적 태도입니다. 아이들은 어른들의 지도에 따라 현실의 사회 정치적인 현안들에 대해 자료를 조사하고 토론하며 생각할 기회가 필요합니다.

사회 문제에 대한 토론 교육을 할 때 참고할 수 있는 원칙이 있습니다. 1976년 독일에서 만들어진 보이텔스바흐 합의(Beutelsbacher Konsens)원칙입니다. 당시 독일은 동서로 분단된 상황이었습니다. 서독의 보수 진영과 진보 진영은 아이들에게 사회 문제를 어떻게 교육할 것인가에 대한 치열한 토론을 벌였고, 논쟁 교육의 원칙을 합의했습니다. 보이텔스바흐는 토론을 벌였던 지역 이름입니다.

이 합의는 법적 구속력을 갖춘 정치적 결정이 아니었습니다. 그저 교육에 종사하는 사람들이 민주적 토론 문화의 원칙을 세우고자 의견을 나누어 만들어 낸 합의였으며, 많은 사람들로부터 지지와 공감을 받아 토론 교육의 보편적 원칙으로 널리 여겨지고 있습니다. 보이텔스바흐 합의는 크게 세 가지 원칙으로 구성되어 있습니다.*

첫째, 강압적인 교화와 특정 견해를 주입하는 교육을 금지하는 원칙입니다. 학생들에게 올바른 관점을 갖게 하겠다는 생각으로 교사가 가진 특정 사상이나 의견을 강제로 주입해서는 안 된다는 것입니다. 교사의 입장을 강요하며 학생들의 독자적인 판단을 방해하는 것은 허용되지 않습니다. 학생들을 정신적으로 미성숙한 훈육의 대상으로 보지 않고 일정한 비판 능력과 사고 능력을 갖춘 주체라고 보는 관점이 반영되는 원칙입니다.

둘째, 논쟁 상황을 그대로 드러내야 한다는 원칙입니다. 사회적으로 논쟁이 되는 상황을 아이들에게 제시할 때, 논쟁이 되는 다양한 관점을 그대로 보여 주어야 한다는 것입니다. 이견이 많은 주제는 학교 교육에서 다루기 어렵다고 생각하는 경향이 있습니다. 그래서 어떤 관점은 아예 언급을 하지 않고 넘어가 특정한 입장의 견해만을 주입하게 될 위험이 있습니다. 사회적으로 논쟁이 되는 사안을 아이들에게 알릴 때는 다양한 견해를 있는 그대로 소개해 토론하도록 해야 합니다.

셋째, 학생 자신의 이해관계를 스스로 판단하게 하는 원칙입니다.

---

* 『독일 보이텔스바흐 합의와 민주시민교육 국제 심포지엄 자료집』, 서울시 교육청, (사)징검다리교육공동체, 프리드리히 에버트 재단, 2017.2.

사람들에게는 쟁점이 되는 정치적 상황과 자신의 관계를 분석하는 능력이 필요합니다. 따라서 학생들은 상황을 분석하고 영향력을 끼치는 방법을 익혀야 합니다. 자신의 삶의 조건과 이익에 대해 스스로 판단하고 자신의 이해관계에 대한 관점을 가질 수 있도록 교육해야 한다는 것입니다.

서울시 교육청은 이러한 원칙에 의거해 학생들이 논쟁 수업을 진행하도록 안내하며 논쟁 수업에서 다룰 수 있는 다양한 주제를 제시했습니다.

- 학생용의복장 규정은 학생의 개성실현에 대한 권리를 침해하는 것인가?
- 4차 산업혁명 시대에 코딩 교육과 인문학 교육 중 무엇이 더 강조되어야 하는가?
- 교내에서 청소년의 정치 의사 표현의 한계는 어디까지인가?
- 고소득자 누진과세 확대는 정당한 과세인가 재산권 침해인가?
- 이주 노동자가 우리나라에서 일할 때 우리 국민과 똑같은 권리를 보장해야 하는가?
- 개인의 이익과 공동체의 이익이 충돌할 때 고려해야 할 점들은 무엇인가?
- 인공지능 시대에 로봇이 사람에게 피해를 주었을 때, 누가 책

임져야 하는가?

- 청소년의 투표 참여권은 언제부터 보장해야 하는가?

우리의 생활 속에서 고민할 수 있는 문제와 사회적으로 쟁점이 되고 있는 문제들에 대하여 토론 수업의 원칙을 공유하고 다양한 주제를 다루면 학생들은 훨씬 많은 이야기를 구체적으로 진행하게 될 것입니다. 교사의 판단에 의해 좌우되거나 자신의 감정을 중심으로 판단하기보다는 여러 사람의 입장을 통해 생각의 폭을 넓힐 수 있습니다.

용의복장 규정 등 자신들과 밀접한 주제에 대해서도 막연히 싫다는 인상을 뛰어넘어 필요성 여부를 먼저 검토할 것입니다. 필요하지 않다면 그 이유는 무엇인지를 토론할 것이고, 필요하다면 규정을 정하는 방법과 내용에 대하여 구체적인 내용을 제시할 것입니다.

토론 수업은 학교 문화를 바꿀 수 있습니다. 학교 문화를 바꾸어 본 아이들은 사회 문화도 바꿀 수 있습니다. 누구의 눈치도 보지 않고 주체적으로 사회 문제에 대해 토론하고 참여하는 과정에서 아이들은 사회의 주인으로 살아갈 수 있는 힘을 기릅니다. 민주시민 교육은 아이들을 사회의 주인으로 존중하고, 아이들이 자신들이 살아갈 세상의 새로운 질서와 제도를 만들어 갈 수 있도록 돕는 교육입니다.

✶ 존재 그 자체가 가치다

최근 '기본소득'이라는 말이 그리 낯설지 않게 되었습니다. 기본소득이란 정부에서 모든 국민에게 개별적으로 무조건 지급하는 소득입니다. 일정한 연령대의 모든 사람들에게 기본 생활이 가능한 기초생활비를 매월 현금으로 지급하는 것입니다. 재원은 세금입니다.

기초생활비를 받게 되면 사람들의 삶에는 어떤 변화가 일어날까요? 여러 가지 의견이 상충됩니다. 어떤 사람들은 생활이 보장되기 때문에 더 가치 있는 곳에 시간을 쓸 수 있다고 하고, 어떤 사람들은 일하지 않아도 기본 생활이 보장되므로 도덕적으로 해이해지고 게을러질 수 있다고 우려합니다. 저임금 일자리만 늘리게 되거나 물가가 폭등할 것이라는 우려도 있습니다.

현재 핀란드에서 실업자 2,000명을 대상으로 약 70만 원의 기초생활비를 지급하는 실험을 하고 있으며, 지금까지는 순기능이 많은 것으로 여겨지고 있습니다. 일자리를 잃은 사람들에게 기초생활비를 지급하자 그 돈으로 게으름을 피우는 사람보다 의욕적으로 학습과 재활에 나서는 사람이 더 많았기 때문입니다. 그러나 이제 1년째에 접어든 실험이며, 실업자만을 대상으로 했다는 제약 때문에 기본소득 제도에 대한 찬반은 여전히 뜨거운 감자입니다.

사회적 증명은 아직 끝나지 않았지만 가정에서는 얼마든지 시행해 볼 수 있고, 자존감 고취와 경제 학습 효과를 동시에 거둘 수 있는 것이 이 기본소득 제도입니다. 아이가 열 살이 넘거나 중학교에 입학하는 등 일정한 연령이 되면 그동안 지급해 주었던 용돈을 기초생활비로 바꿔서 지급하는 것입니다.

용돈과 기초생활비는 지급하는 방법과 돈의 의미가 완전히 다릅니다. 용돈은 시혜 차원에서 주는 것이지만, 기초생활비는 권리 차원에서 지급하는 것입니다. 아이에게 용돈을 줄 때는 부모가 일방적으로 금액을 정해 주고, 잘못을 하면 아이의 용돈을 깎기도 하고 날짜를 정확히 지키지 않는 등 경제력을 권력처럼 활용하기 쉽습니다. 그러나 기초생활비는 아이를 동등한 가족의 구성원으로 인정하고, 경제 활동을 할 수 있기 전까지 가정의 수입에서 일정 금액을 사용할 수 있도록 권리를 보장해 준다는 의미를 담고 있습니다.

금액을 정할 때도 아이와 합의하여 정하고, 입금 날짜도 합의하여 정확한 날짜에 통장으로 입금해 줍니다. 아이가 잘못을 해도 깎거나 부모 마음대로 금액을 조정하지 않고, 설령 가출을 한다고 해도 우리 가족으로 존재하는 한 지속적으로 지급해 주는 돈입니다. 그리고 해마다 물가 인상이나 생활 조건의 변화등을 고려해 금액을 조정하고 합의합니다.

우리 집에서는 딸에게 중학생 때부터 매달 정기적으로 용돈 대신 기초생활비를 주고 있습니다. 고등학생 때부터는 협상을 통해 의복 구입비를 따로 요구하여 계절마다 의복 구입비도 받고 있습니다. 이제는 대학생이 된 딸과 이 방식에 대해 이야기를 나눈 적이 있습니다. 어릴 때부터 기초생활비를 받으며 어떤 점이 좋았는지에 대하여 물어 보았습니다.

첫째, 독립적이고 자유롭다는 점입니다. 정기적으로 통장으로 입금되는 생활비는 확실히 자신의 돈이라는 느낌이 들어 쓸 때도 눈치를 보지 않게 된다고 했습니다. 용돈날이 다가올 때 부모의 기분을 살피지 않아도 되고, 매달 용돈을 받을 때마다 "아껴 써라", "공부 열심히 해라" 같은 잔소리를 들으며 얹혀사는 기분을 느끼지 않아도 된다는 뜻입니다.

둘째, 지출 계획을 세울 수 있다는 점입니다. 정기적으로 일정한 금액을 지급받으면 돈을 쓰기 위한 계획을 세울 수 있습니다. 가고 싶은 콘서트가 있으면 절약해서 몇 달 돈을 모아 갈 수도 있고, 이번 달에 지출이 많으면 다음 달에 절약을 해서 균형을 맞추는 등 온전히 자신만의 지출 계획을 세워서 운영할 수 있습니다.

이때 지출 내역에 간섭하며 "너는 뭐 그런 걸 돈 주고 사니?", "그걸 옷이라고 샀어?" 등 구박을 하지 말고 아이의 소비를 사생활로서 인정해야 합니다. 자유롭게 쓸 수 있는 생활비를 줬으니 스스로 생활을 꾸려 가도록 지켜봐 주는 것이 중요합니다.

셋째, 문화 활동을 할 수 있다는 점입니다. 정기적으로 일정한 금액이 들어오니 방학이나 주말에 아르바이트까지 겸하면 학생 입장에서는 적지 않은 돈이 마련됩니다. 기초생활비에 아르바이트 수익을 보태면 여행을 갈 수도 있고, 가격대가 높은 뮤지컬 등 공연을 볼 수도 있습니다.

넷째, 가족구성원으로서의 소속감이 높아집니다. 딸은 매달 기초생활비를 받을 때면 자신의 존재 자체를 인정받는 느낌이 든다고 합니다. 기초생활비는 자신이 동등한 가족의 일원이라는 이유로 받는 돈이기 때문입니다.

나는 아이들에게 기초생활비를 지급하면서 새로운 사실을 발견했습니다. 부모가 함께 가서 물건을 직접 사 줄 때는 부모가 비용을 지급하기 때문에 가격을 따지기보다는 무조건 고가 브랜드에 집착하는 경향을 보입니다. 그런데 본인에게 지급된 생활비로 옷이나 여러 물건을 살 경우에는 합리적인 소비를 하려 합니다. 비싼 브랜드를 사기보다는 한정된 가격의 물건 안에서 취향에 맞는 디자인과 색을 고르는 경향이 있습니다. 이 자체가 소비 교육이 됩니다.

가정 내 기초생활비 이야기를 하면 어떤 부모들은 아이들이 돈의 소중함을 모르고 함부로 쓸 수 있다는 점, 맡겨 놓은 돈을 당연히 받는 듯한 태도로 고마워하지 않고 버릇없이 굴 수도 있다는 점 등을 우려합니다. 그러나 수많은 아이들을 대상으로 대화와 설문 조사를 하고, 직접 생활을 지켜본 바로는 이런 우려가 아이들의 부정적인 면을 중심에 놓고 보기 때문에 나타나는 걱정임을 알 수 있었습니다. 기초생활비를 받아 본 아이들의 말을 직접 들어 보겠습니다.

> "나도 우리 집의 어엿한 일원이 된 것 같은 기분이 듭니다."
>
> "중학생이 되면서 부모님에게 더 존중받는다는 기분이 들어서 좋아요. 좀 더 돈을 아껴 써야겠다는 생각도 듭니다."
>
> "완전히 자유롭게 쓰라고 맡겨 주신 거니까 계획을 잘 세워서 쓰고, 조금씩이라도 저축을 해서 갖고 싶었지만 사 달라고 하지 못했던 걸 사고 싶어요."
>
> "협상을 해서 액수를 정하니까 용돈을 받을 때보다 엄격한 기분이 들어요. 예전보다 돈이 좀 더 가치 있게 느껴집니다."

한국 교육에서 특히 미비한 분야가 경제 교육입니다. 돈 없이는 살아갈 수 없는 자본주의 사회임에도 아이들에게 돈의 개념과 경제 원리를 교육하는 데는 소홀합니다.

용돈 대신 기초생활비를 지급하면서 아이와 어른이 경제 공부를 시작할 수 있습니다. 가정의 구성원이기 때문에 가정의 수입에서 일정 정도를 쓸 수 있는 기초생활비를 받을 권리를 가졌다면 지역, 나아가 국가를 단위로도 같은 권리가 있다고도 할 수 있을 것입니다. 실제 사회에서 기초소득 제도를 운영하든 하지 않든 시민은 경제적 권리에 대해 조금 더 날카로워질 필요가 있습니다.

우리는 일을 하고 월급을 받고, 서비스를 제공하고 대가를 받고, 세금을 내고 정책적 보호를 받으면서도 그것을 정당한 권리가 아닌 누군가가 베푸는 재화처럼 느낄 때가 많습니다. 반대로 비용을 지출하는 사람, 즉 정부나 자본가나 소비자는 자신이 쓰는 돈에 지나치게 큰 시혜적 의미를 부여합니다. 우리 사회에서 갑을 논란이 끊임없이 일어나는 이유도 잘못된 인식 때문이며, 이런 부조화가 생기는 이유는 사람들이 경제적인 권리 의식을 제대로 교육받고 형성하지 못했기 때문입니다.

기본소득 제도를 실험 중인 나라가 있는 반면 우리 사회는 아직 적정 수준의 최저임금에 대한 사회적 합의도 못하고 있는 실정입니다. 부모들이 자신들보다 가난한 자식 세대를 만들지 않기 위해서는 경제적으로도 주인 의식을 가지고 주체적으로 살아갈 수 있도록 관심을 가져야만 할 것입니다.

✶민주시민 교육이 곧 미래 교육이다

4차 산업혁명 시대, 새로운 사회 경제적 현상이 나타나고 있습니다. 다양한 최신 기술이 상호 유기적으로 연결되어 산업을 발달시킬 것입니다. 인공지능의 활용으로 생산성은 극대화되지만 노동의 개념과 변화 속에서 고용 절벽이 현실화되고 사회적 불평등과 소득 격차가 확대될 것이라는 예측도 있습니다. 이러한 사회경제적 변화에 따라 시민들의 정치 참여와 민주주의의 가치가 더욱 강조되고 있습니다.

2016년 알파고와 이세돌의 바둑 대결 이후, 각계각층에서 미래 시대에 대한 수많은 토론회와 심포지엄이 진행되었습니다. 이들 모임에서 공통으로 나오는 결론이 있었으니 바로 4차 산업혁명 시대에 아이들에게 가장 필요한 교육은 민주시민 교육이라는 이야기였습니다.

인공지능 시대에 왜 기술 교육이 아니라 민주시민 교육을 강조하는가? 그 이유를 두 가지로 살펴보겠습니다. 첫째는 사회 경제적인 이유입니다. 시대의 변화는 그 자체로 어떠한 미래를 보장할 수는 없습니다. 어떤 사람들은 자본주의를 넘어선 공유 사회가 올 수 있을 거라고 예측하기도 하고, 어떤 사람들은 일자리가 줄어들어 사회적 불평등이 더욱 커질 것이라는 걱정을 하기도 합니다.

이 모든 것은 아직 전망일 뿐입니다. 실제 미래 사회가 어떤 모습이 될지는 시민들의 실천에 의해 결정될 것입니다. 따라서 아이들을 사회의 주인으로 대하고 제대로 된 정치적 실천을 할 수 있는 인간으로 성장시키는 것이 중요하며, 그것이 바로 민주시민 교육입니다.

둘째, 기술 활용의 측면 때문입니다. 자본 논리에 종속되지 않으면서 인공지능과 정보통신기술 활용하기 위해서는 인간에 대한 이해와 윤리 의식, 정치적 상황을 분석하고 판단하며 미래 사회를 준비할 수 있는 능력이 강화되어야 합니다. 정보를 독점하는 것이 곧 힘이 될 미래에는 자본과 권력이 정보를 독점하지 않도록 일반인도 그 내용을 알고 개입할 수 있어야 하기 때문입니다.

애플의 최고경영자인 팀 쿡(Timothy D. Cook)은 MIT의 2017년 졸업식 축사에서 인간의 역할을 강조하여 이렇게 말했습니다.

> "나는 인공지능을 장착한 컴퓨터가 인간처럼 사고하는 능력을 가지게 되는 것을 별로 우려하지 않습니다. 내가 걱정하는 것은 인간이 컴퓨터처럼 사고하는 상황입니다. 가치나 연민과 같은 감정을 배제하고, 결과를 고려하지 않은 채 생각하고 행동하는 상황입니다."

미래 교육의 역할은 인간 탐구입니다. 기술 발전으로 이루어낸 결과물들을 어떻게 사람을 위해서 쓸 수 있느냐를 끊임없이 탐색해야 합니다. 인간의 삶에 유익함을 주는 것이 기술의 목적입니다. 때문에 기술이 발달할수록 인간에 더욱 민감해지고 관심을 가져야 합니다.

새로운 과학 기술의 시대에, 아이들이 변화에 짓눌리지 않고 자신과 타인의 행복을 위해 생각하고 실천하는 사람이 되기를 희망합니다. 그러기 위해 아이들은 세상을 읽어 내는 힘을 키우고, 인간이 어떻게 서로를 돕고 함께 행복하게 살아갈 수 있는지를 배워야 합니다. 다행스럽게도 인간은 자신뿐 아니라 타인의 행복에도 관심을 기울이는 존재입니다.

민주시민 교육은 한 사람 한 사람을 집단의 부품이 아닌, 주인으로서 살아가게 해주는 교육입니다. 아이들이 자신과 공동체에 도움이 되는 결정과 선택을 할 수 있도록 성장하게 해 주는 미래 교육이며 4차 산업혁명 시대의 대안입니다.

공부의 패러다임이 바뀌고 있다

학교에서 무엇을 가르치는 것이 가장 중요할까요? '나'라는 개인을 세상과 연결하며 살아가는 능력입니다. 많은 전망 예측가들은 미래 사회에 대비하기 위해 배워야 할 가장 중요한 기술이 사회적 기술(social skill)이라는 데 의견을 모으고 있습니다.

첫 번째로 갖춰야 할 것은 개인적 관계를 맺는 능력입니다. 자기 자신과 타인을 존중하는 태도는 그래서 중요합니다. 사람은 상호 의존적인 존재이며, 서로를 이해하고 존중하기 위해서 노력해야 한다는 사실을 이해하는 것이 사회적 기술을 익히기 위한 첫 단계입니다. 이것을 갖추지 못하면 사람은 제대로 된 관계를 맺을 수 없습니다.

두 번째는 개인적인 관계를 넘어서 사회적 관계를 맺는 능력입니다.

교통 통신이 발달하며 앞으로는 한층 다양한 사람들과 생활하고 일을 해야 할 것입니다. 그만큼 해결해야 할 일들의 스펙트럼은 넓어지고, 요구되는 처리 속도는 빨라질 것입니다. 기존의 익숙한 관계를 바탕으로 낯선 만남들에 매끄럽게 대처하는 능력이 점차 중요해집니다.

아이들은 단편적인 지식의 범위를 넘어 삶을 전반적으로 운용해 가기 위한 역량을 키워야 하고, 부모들은 그러한 역량을 '성적과는 관계없는' 것이 아니라 앞으로 살아가기 위한 필수적인 능력과 기술임을 빨리 받아들여야 합니다.

시대가 요구하는 기술이 변했으므로 공부의 내용과 방식도 바뀌어야 합니다. 학교 수업 역시 일방적으로 지식을 전달하는 방식에서 생각하는 힘을 기르고, 스스로 표현해 보고, 다른 사람의 의견을 듣는 토론 수업이나 프로젝트 방식의 수업으로 차츰 바뀌어 나갈 것입니다.

공부에 대한 패러다임이 바뀌고 있습니다. 학부모들 중에는 토론 방식의 수업을 보며 불안해하는 사람들도 있습니다. 부모가 학창 시절에 받았던 수업과 다르기 때문입니다. 사람은 대체로 자신이 경험했던 내용을 바탕으로 기준이 되는 상(象)을 만듭니다. 자신이 경험했던 내용을 기준으로 옳고 그름을 판단하고 문제점을 찾습니다.

예전에는 수업이 시작되면 바른 자세로 앉아 교사의 이야기를 잘 듣고 필기하는 것이 올바른 수업 자세였습니다. "학교에 가면 선생님 말씀 잘 듣고 공부 열심히 하라"는 이야기를 듣고 자랐으며 자녀들에게도 그렇게 타이르며 학교에 보냈습니다.

그러나 교실은 변하고 있습니다. 배움의 공동체 수업, 프로젝트 수업, 프뢰벨 수업 등 다양한 수업 방식이 도입되고 있으며 이들은 공통적으로 교사의 가르침이 아니라 학생들의 배움을 중심에 두고 있습니다. 교사가 지식과 정보를 전달하는 일방적인 전달 체계는 현재도 점점 교실에서 밀려나는 중입니다. 학생이 중심이 되어 대화하고 토론하며 스스로 깨닫는 과정을 교육 활동의 중심에 둡니다. 교사의 말을 줄이고 학생들의 말이 늘어난 것입니다.

이러한 교실에서는 세 가지 방향의 대화가 일어납니다. 첫 번째는 사람과 사람 사이에 이루어지는 대화입니다. 학생과 학생, 학생과 교사가 나누는 대화가 그것입니다. 두 번째 대화는 학습 자료와의 대화입니다. 세 번째 대화는 자기 자신과의 대화입니다. 다른 사람과 이야기를 나누고 주어진 자료를 보고 읽은 다음, 내면에서 그것을 해석하고 소화시켜 받아들이는 것입니다.

예를 들어 퍼즐을 맞추는 사람들을 그린 그림을 보여 주고, 이 그림을 통해서 전달하고자 하는 메시지가 무엇인지 물어보면 학생들의 대답은 다양하게 나옵니다. 협력, 조화, 균형, 통일, 예술, 평등……. 교사가 미리 준비한 답을 넘어서 학생들은 훨씬 많은 가짓수의 메시지를 찾아냅니다.

독일의 언어학자이며 철학자인 한스 게오르그 가다머(Hans Georg

Gadamer)는 "성공적인 능력의 개발과 성숙한 책임의식의 실천은 오로지 대화를 통해, 타인과의 공동체적 관계를 통해서 가능하다"*고 강조했습니다. 사람은 대화를 나누며 서로의 생각을 이해하고, 그 과정에서 새로운 발상을 이끌어 내기도 합니다. 타인과의 접촉을 통해 내가 성장하고 즐거워지는 경험을 반복할수록 점점 원활하게 소통할 수 있습니다.

다시 한 번 강조합니다. 기술의 발전은 너무나 빠르고, 인간은 그것을 허겁지겁 외우며 쫓아갈 것이 아니라 새로운 지식을 습득하는 능력을 키워야 합니다. '배움' 그 자체를 연습해야 하는 것입니다.

공감, 소통, 존중, 배려……. 이것들은 더 이상 성격이나 예의의 영역에 있는 덕목이 아닙니다. 기본 역량이 갖춰지지 않으면 어떤 것도 제대로 배울 수 없습니다. 이들은 다가올 시대의 필수적인 '생존 능력'이며 앞으로 아이들이 '학습'해야 할 새로운 기술이자 과업입니다.

이 능력들을 갖추어야 원활한 협업이 가능하고 새로운 일자리, 새로운 업무 방식에 적응할 수 있습니다. 새로운 아이디어와 콘텐츠를 만들어 낼 수 있습니다. 단순 암기, 정보 수집, 복잡한 계산, 데이터 산출은 이제 인공지능과 기계의 몫이 되었고 앞으로는 더더욱 그렇게 흘러갈 것입니다. 무궁무진한 잠재력과 가능성을 가진 아이들의 두뇌

* 『교육은 자기 교육이다』, 한스 게오르그 가다머 지음, 손승남 옮김, 동문선, 2004.9.

를 기계가 할 수 있는 일에 투입하는 것이 얼마나 큰 손실인지 어른들이 하루빨리 깨닫고 대처해야 합니다.

경쟁에서 협력으로, 암기에서 토론으로, 일방적인 결정을 받아들이는 대신 함께 결론을 만들어 내는 과정으로. 현재와 미래를 준비하는 교육을 서둘러야 합니다.

부모가 할 수 있는 독서 교육

독서는 생각하는 힘을 기르는 데 있어 매우 중요한 과정입니다. 책을 통해 시공을 뛰어넘어 다양한 사람들을 만나고, 책 속 인물이 되어 그와 함께 슬퍼하고 기뻐하면서 타인의 감정에 공감하는 경험을 합니다. 독서를 통한 간접 경험은 가장 효율적으로 할 수 있는 공감 교육입니다.

미국 세인트존스대학은 4년 동안 100권이 넘는 책을 읽고 토론하는 수업으로 유명합니다. 학과나 전공 구분 없이 철학, 과학, 수학, 역사 등 다양한 분야의 책을 읽고 학생들과 교수들이 함께 세미나 수업을 진행하는 것이 전체 교육 과정의 전부입니다. 하루 종일 책을 읽고, 토론과 대화를 통해서 다른 사람들의 생각을 듣고 자신의 생각을 표현하면서 생활합니다.

이들은 특별한 전공 과목 없이 졸업하지만 법, 금융, 과학, 예술 등 다양한 분야에 진출하여 우수한 역량을 가진 인재로 인정받고 있습니다. 이처럼 생각하는 힘을 기르는 독서 역량을 갖추기 위해 어린 시절부터 가정에서 부모가 할 수 있는 교육 방법을 몇 가지 살펴보기로 하겠습니다.

더 오래 책 읽어 주기

초등학교 3~4학년까지 책을 읽어 주는 것이 좋습니다. 많은 부모들이 아이가 유아일 때는 열심히 그림책을 읽어 주다가, 아이가 글을 원활히 읽을 수 있게 되면 혼자 책을 읽게 합니다.

그러나 초등학교 1~2학년까지는 스스로 읽기와 부모가 읽어 주는 것을 절반 정도씩 병행하고, 3~4학년까지도 가급적 일주일에 한 번씩은 정기적으로 책을 읽어 주는 것을 권합니다.

초등학교 중학년까지는 글자를 중심으로 읽는 데 집중하기 때문에 책의 내용을 생각하고 상상하는 여유가 부족합니다. 따라서 등장인물의 생각과 느낌에 공감하기 어렵고, 과학이나 역사적 배경에 대해서도 충분히 상상하기 힘들어 책에 대한 흥미를 잃기 쉽습니다.

어린 시절에는 엄마 아빠가 책을 읽어 주는 행복감 자체를 즐기지만 글을 읽기 시작하면서 독서에 부담을 가지기 때문에 초등학교 중학년쯤 흥미를 잃기 시작해 고학년쯤 되면 책에서 멀어지는 것입니다.

분량이 긴 책의 경우 몇 차례로 나눠서 요일을 정해서 읽어 주면 다음에 이어질 이야기에 대한 상상과 궁금증으로 더 쉽게 몰입하고 집중해 듣습니다. 어떤 때는 다음 이야기가 궁금해 기다리지 못하고 스스로 읽고 나서 엄마나 아빠에게 이야기를 하기도 합니다. 아이 스스로 읽기와 부모가 읽어 주기를 결합해 다양한 분야의 책들을 읽으며 초등학교 시기를 보내면 책 읽는 재미를 알게 되고 어휘력이 크게 발달합니다.

정리하자면 책 읽어 주기는 다음과 같은 이점이 있습니다.

- 스스로 읽을 때보다 책의 내용을 이해하는 능력이 월등히 높아집니다.
- 책의 내용을 이해하는 능력이 높아지면 책에 재미를 느끼게 됩니다. 독서 그 자체에 호감을 가집니다.
- 타인의 말을 경청하는 습관을 익히고 듣는 집중력이 높아집니다.

초등학교 교육에서 책 읽기가 차지하는 비중은 매우 높습니다. 교과서를 살펴보면 초등학교 학습에서 가장 중요하게 여기는 것이 문장과 낱말에 대한 이해력과 풍부한 어휘력을 습득하는 과정이라는 점을 알 수 있습니다.

책을 읽어 주는 방법

- 감정을 반영하여 읽어 준다

책은 서두르지 말고 천천히 읽으며, 책의 내용에 따라 감정을 충분히 반영하여 읽어 줍니다. 읽는 사람이 감탄이나 탄식 등 구체적인 감정 표현을 하고, 숨을 가다듬으면서 잠시 멈추기도 하면 듣는 아이도 자신의 감정을 반영하고 표현하면서 듣게 됩니다.

가능하면 등장인물의 성별, 연령, 성격, 상황에 따라서 적절한 표현을 해 주거나 동물 소리, 의성어, 의태어 등을 살리면 더 좋습니다. 우리 아이들은 어렸을 때에 아빠가 책을 읽어 주면 무척 좋아하였습니다. 다양한 동물 소리 흉내를 잘 내고 목소리가 크고 시원시원해서 이해도 잘 가고 재미있다는 이유에서였습니다. 간단한 동작까지 곁들여 가면서 읽어 주니 아주 인기가 좋았습니다. 그러나 이것이 어렵다면 읽는 중간 중간 자신의 감정을 표현해 주기만 해도 몰입도가 높아집니다.

• 다른 사람에게 책을 읽어 주는 기회를 가지도록 한다

아이가 책을 읽기 시작하면 다른 사람에게 책을 읽어 줄 수 있는 기회를 만들어 주는 것이 좋습니다. 처음에는 엄마 아빠에게, 형제나 친척에게, 할머니나 할아버지에게 읽어 주기 등 대상을 단계별로 확장시켜 줍니다. 아이가 책을 읽어 준 다음에는 책 내용을 통해 새로 알게 된 사실이나 생각 등을 짧게 말해 주고, 고마움을 표현하거나 칭찬하는 등 적극적인 애정 표현을 해 주어야 읽기 활동에 대한 흥미를 지속시킬 수 있습니다.

아이가 좋아하는 책을 다른 사람에게 읽어 주는 것은 책 읽기에 흥미를 갖게 하는 좋은 방법입니다. 친인척에게 읽어 주는 것뿐 아니라 동네 노인

요양 시설이나 어린이집에서 요일을 정해 정기적으로 책 읽기 봉사 활동을 하는 것도 좋은 방법입니다. 책 읽어 주기는 책을 읽는 즐거움과 다른 사람을 즐겁게 해 준다는 보람을 동시에 느낄 수 있는 독서 활동입니다. 이때 타인에게 어떻게 감정을 표현해야 더 잘 전달될지를 고민하며 자연스럽게 의사소통 능력이 발달합니다.

• 지식이 아니라 느낌과 생각을 중심으로 대화한다

책을 읽고 대화를 나눌 때 아이가 무엇을 알게 되었는지보다 느낌과 생각을 중심으로 대화를 나누는 것이 좋습니다. 지식 정보에는 정답이 있지만 느낌과 생각에는 정답이 없이 여러 의견이 모두 타당성을 가지기 때문에 더 자유로운 대화가 가능합니다. 책을 읽고 부모와 이야기를 나누는 것이 습득한 지식을 확인하는 과정이 되면, 아이들은 그런 유형의 대화를 싫어하기 때문에 책 읽기를 싫어하게 됩니다. 자신의 발언이 독립된 의견으로 받아들여지기를 바라는 심리가 있기 때문에 타인의 의도에 따라 평가를 받는다고 느끼는 순간 그와 관련된 모든 활동에 거리를 두는 것입니다.

부모와 아이의 관점이 다르더라도 아이가 관심을 가지는 부분에 초점을 맞춰서 대화해야 독서 교육으로서 기능할 수 있습니다. 특히 아이들은 책의 전체 내용이 아니라 감정적으로 꽂힌 특정 부분을 깊이 파고들어 생각하는 면이 있는데, 때문에 책에서 정형화된 지식을 찾아 대화를 나누기보다는 그런 강렬한 느낌과 감정을 중심으로 자유롭게 대화를 나누는 것이 독서에 대한 흥미를 지속하는 데 큰 도움이 됩니다.

아이가 책을 읽고 나면 반드시 독후감을 쓰도록 지도하는 것이 좋다고 생각하는 부모들이 많습니다. 그러나 일정량의 독후감을 쓰도록 강제하는 것은 책 읽는 재미를 떨어뜨리는 지름길이 될 수 있습니다. 정해진 형식에 맞춰 글을 쓰도록 하기보다는 간단한 독서 카드를 만들어 책 제목, 읽은 날짜, 기억에 남는 등장인물과 그에 대해 느낀 점 등만 간단하게 적어 두도록 하거나 대화를 나누며 메모하는 정도로 넘어가는 것이 좋습니다. 더 많이 기억하는 것보다 더 많이 느끼고 대화하는 것에 방점을 두어야 합니다.

함께 읽기

• 가족과 함께 성장 소설 읽기

우리는 가족 여행을 갈 때 가족 모두 함께 볼 수 있는 재미있는 만화책을 듬뿍 가지고 여행을 갑니다. 『반딧불의 묘』, 『부자의 그림일기』, 『맨발의 겐』 등을 여행지에서 밤에 함께 읽었고, 다양한 웹툰 단행본도 함께 읽었습니다.

같은 영화나 책을 함께 보면 가족 간 화제가 풍부해집니다. 우리 아이들이 사춘기 무렵에 읽었던 책들은 대부분 가족 모두 함께 읽었습니다. 『십시일반』, 『깨복이』, 『마당을 나온 암탉』, 『우리 형』, 『일요일의 아이』, 『요헨의 선택』, 『마녀 사냥』 등 여러 책들을 함께 읽고 이야기를 나누었습니다. 그때 읽었던 책들은 아이들이 청년이 된 지금까지도 가족의 이야깃거리가 되기도 합니다.

자녀들과 책을 읽기 위해 부모가 먼저 할 일은, 눈높이를 낮춰 아이들의 연령대와 연결되어 있는 성장 소설을 읽기 시작하는 것입니다. 자녀 나이 또래의 아이들이 주인공으로 등장하는 책을 읽고, 아이들과 공유하며 자연스럽게 또래 문화나 그 나이 아이들의 고민에 대해 함께 이야기를 나누는 것입니다.

• 아이 친구들과 함께 하는 책 읽기 모임

아이가 열 살이 넘을 무렵이면 부모보다 친구들을 더 좋아합니다. 독서, 영화 감상, 여행도 부모보다는 친구들과 함께하고 싶어 합니다.

첫 아이가 4학년이던 가을, 아이는 더 이상 엄마와 함께하는 책 읽기에 흥미를 느끼지 못하는 모습이 역력했습니다. 우리는 의논 끝에 아이 친구들을 모아 책 읽기 모임을 만들기로 했습니다. 아이는 초대장을 써서 친구들을 셋 모았고, 격론 끝에 모임 날짜를 정했으며 영화를 보러 가는 것도 독서에 포함시키기로 했습니다.

처음에는 짧은 동화책을 읽고 그 자리에서 서로 소감을 나누는 정도로 모임을 시작했습니다. 모임이 거듭될수록 읽는 책이 다양해졌고 나누는 이야기도 다양했습니다. 각자 노트를 하나씩 만들어서 모임이 끝날 때마다 10분 정도 그날의 생각을 정리하고 기록하는 시간도 가졌습니다.

아이들이 가장 재미있어 했던 시간은 다른 친구들의 노트를 읽으면서 친구의 감상에 대한 감상을 쓰는 시간이었습니다.

"이렇게 생각할 수도 있구나", "맞아. 나도 갈매기 조나단을 만나고 싶었어", "힘내. 나도 이렇게 억울하다는 생각을 한 적이 있어" 등, 매우 짧은 소감들이었지만 서로에게 큰 재미와 위안, 도움을 주었습니다.

책 읽기 모임이 거듭되다 보니 부모들끼리 사이도 가까워져 아이들 생일잔치도 함께하고 방학이 되면 같이 여행을 가기도 했습니다. 같은 동네에 친밀한 가정이 생기면 여러 가지로 든든합니다. 2년 정도 유지하던 독서 모임은 서로 다른 중학교를 가게 되며 아쉽게 마무리되었지만 잊지 못할 추억을 주었고, 책에서 멀어지기 쉬운 사춘기 시절에 책 읽는 습관을 만들어 준 참 소중한 시간이었습니다.

무엇보다 이 경험을 통해 아이는 모임을 만들고 운영할 줄 아는 사람으로 자랐습니다. 중학교, 고등학교에서도 친구들과 자발적으로 영화 동아리를 만들었으며 대학에서는 스터디 모임을 만들어 토론을 이끌었습니다. 어린 시절부터 책 읽기를 혼자만의 과제로 제시하지 않고 함께 읽는 분위기를 만들었기 때문이 아닐까 생각을 해봅니다. 혼자 하는 독서도 많은 내면의 성장을 돕지만, 다른 사람과 함께 같은 책을 읽고 대화하고 토론하는 것은 어떤 학습과 비교할 수 없을 정도로 생각을 키우는 공부입니다. 부모가 먼저 적극적으로 용기를 내어 아이의 모임 결성을 지원해 줍시다.

부모라면 지금 꼭 해야 하는 미래 교육

초판 1쇄 발행 2018년 3월 5일 **초판 3쇄 발행** 2021년 4월 15일

지은이 박미자
펴낸이 이승현

편집1 본부장 배민수
에세이3 팀장 오유미
디자인 designgroup all

펴낸곳 ㈜위즈덤하우스 **출판등록** 2000년 5월 23일 제13-1071호
주소 경기도 고양시 일산동구 정발산로 43-20 센트럴프라자 6층
전화 031)936-4000 **팩스** 031)903-3893 **홈페이지** www.wisdomhouse.co.kr

ISBN 979-11-6220-290-6 13370